AF500960

CAMPAGNES

DU 34me RÉGIMENT DE MOBILES.

NIORT, IMPRIMERIE DESPREZ.

CAMPAGNES

DU

34ME RÉGIMENT DE MOBILES

VOSGES — LOIRE — EST

PAR

M. DE LARÈGLE

OFFICIER DU RÉGIMENT DES DEUX-SÈVRES.

Chevalier de la Légion-d'Honneur.

A qui la faute?—Ce que
nous avions; ce que nous
avons fait.

NIORT

L. CLOUZOT, LIBRAIRE-ÉDITEUR

22, rue des Halles

1871

AVANT-PROPOS.

Depuis un an nous sommes habitués à éprouver tant de déceptions, tant de mécomptes, que nous devenons blasés sur tout ce qui se fait, se dit ou s'écrit au sujet des événements qui viennent de se dérouler sous nos yeux, événements auxquels nous avons tous participé, soit par nous-mêmes, soit par nos proches.

J'avoue cependant que les *Impressions et Souvenirs d'un officier du régiment des Deux-Sèvres* m'ont profondément étonné. Comptant moi-même parmi les officiers de ce régiment, ayant fait également la triple campagne des Vosges, de la Loire et de l'Est, je m'aperçois que les faits qui se sont accomplis pendant cinq mois n'ont pas produit les mêmes impressions sur tous ceux qui en ont été témoins.

Comprenant alors « (1) que dans un temps où « la passion politique, jointe à l'ignorance des cau- « ses, aveugle ou corrompt si profondément le « jugement de la foule, » il est un devoir que chacun doit tenir à honneur d'accomplir, j'ai résolu de venir aussi moi « (2) apporter ma pièce au pro- « cès, c'est-à-dire raconter ce que j'ai vu, sans « ménagement ni prévention. »

Une seule pensée aurait peut-être arrêté un instant ma résolution. Nous, jeunes gens, me suis-je dit, qui étions hier encore sur les bancs de l'école, que la mobile a arrachés, soit aux travaux tout scolaires des universités, soit aux plaisirs d'une jeunesse frivole et désœuvrée, pouvons-nous nous permettre de porter témérairement des jugements dans la foule sur des hommes auxquels l'âge et la position sociale permettent de nous adresser les

(1) *Impressions et Souvenirs*, p. 1.
(2) *Impressions et Souvenirs*, p. 1.

réprimandes qu'un magister administre à ses élèves ? Pour moi, qui ai été élevé dans le respect de l'autorité, moi à qui on a persuadé qu'un homme de savoir, qu'un homme d'expérience, en un mot. qu'un homme ayant étudié et pratiqué une profession toute sa vie, en sait beaucoup plus qu'un adolescent dont quelques poils follets ombrent légèrement les lèvres, je ne me sens pas le présomptueux courage de juger leurs actes du haut de mon inexpérience. Mais, comme raconter ce dont j'ai été témoin n'entraîne pas l'obligation de juger moi-même, je livre aujourd'hui au public la narration fidèle des faits qui se sont passés pendant la triste campagne de France aux armées des Vosges, de la Loire et de l'Est, laissant aux hommes compétents, aux hommes dont le jugement, mûri par l'expérience, offre toute garantie de justice, le soin de louer ce qui est bien, de stigmatiser ce qui est mal.

Mais comme il ne suffit pas pour apprécier sainement les choses de ne voir que les résultats obtenus, je me permettrai, tout d'abord, de faire connaître les ressources qui ont été confiées aux hommes chargés de sauver notre noble et malheureuse patrie, si tant est qu'elle eût pu l'être. On doit, du reste, d'autant plus regarder comme un devoir de s'efforcer d'éclairer le jugement de la foule, qu'une certaine presse, dont les effets désastreux ne se sont fait sentir jusqu'à présent que par la démoralisation de l'armée, semble prendre à tâche de continuer son œuvre dévastatrice en dénaturant l'histoire, aussi bien qu'en souillant de son fiel tout ce qui a droit au respect et à la reconnaissance de tous.

Pour moi je serais heureux, si après avoir jeté un rapide coup d'œil sur les éléments dont la France a pu disposer, après avoir vu, sans passion ni parti pris, se dérouler sous nos yeux l'emploi qui en a été fait, nous reconnaissions enfin les véritables causes de notre infériorité momentanée vis-à-vis de la Prusse, au lieu d'envelopper indistinctement dans un mépris et une haine aveugle tous les hommes qui ont mis si noblement leur talent et leur dévouement au service de la patrie.

TROIS RÉFLEXIONS.

La lecture des premiers feuillets des *Impressions et Souvenirs* m'a suggéré trois réflexions qu'il serait peut-être bien de faire connaître avant d'entrer dans le cœur même de mon sujet. Ne voulant en rien influencer la solution que chacun croira devoir y trouver, je vais les exposer telles qu'elles se sont présentées à mon esprit.

Avant tout, on ne sait où l'auteur peut avoir appris la série d'injures adressées à tout ce qui occupait un rang honorable dans l'armée. On tombe, je dirais presque dans l'ébahissement, quand on voit la quantité presque innombrable d'épithètes malsonnantes dont sont émaillées les 132 pages des *Impressions et Souvenirs*. Suivant les préceptes du grand dictateur contemporain, M. Gambetta, les mots : « Ignorance, incapable, « ineptie, traître, » sont distribués avec une prodigalité dont n'approchent que les proclamations de la Défense nationale. Franchement, l'auteur a-t-il voulu suivre le style du Père Duchêne? Il est presque parvenu à se mettre à sa hauteur. A-t-il eu l'intention d'ajouter un pamphlet à tous ceux que l'on voit étalés chez les libraires? Il n'y a guère réussi par le ton léger et essentiellement gaulois de ces genres d'écrits; dois-je donc croire sa première ligne et me persuader qu'il désire « apporter « sa pièce au procès... et rétablir autant que possi- « ble la vérité des faits? » Est-ce bien possible? Un tel livre peut-il jamais fournir des renseignements à l'histoire! le lecteur, en effet, y découvrira à chaque page trop de passion, trop de véhémence, pour accepter sans contrôle toutes les assertions qui y sont avancées sans la moindre preuve à l'appui. Il faut croire l'écrivain sur parole, son témoignage n'étant jamais appuyé du moindre ordre, de la moindre dépêche, du moindre rapport plus ou moins officiel.

La seconde réflexion est amenée par ces lignes (1) : « Quand on veut les accuser (les généraux) « d'ineptie ou de trahison, on n'a guère besoin de « précautions oratoires, et la vérité toute nue « trouve facilement crédit dans le public. »

Pourquoi donc alors ne les nommer presque jamais? Pourquoi n'accompagner les injures que

(1) *Impressions et Souvenirs*, p. 27.

des initiales soit D., soit C., soit M., soit Cr. Il est évident que si ce travail ne doit servir qu'aux compagnons d'armes de l'auteur, cela doit suffire, tous connaissant les noms des chefs sous les ordres desquels ils ont supporté les fatigues de la campagne, et dont ils croient pouvoir apprécier les mérites, positifs ou négatifs, sans avoir recours à son infaillible jugement.

Mais il désire « donner des pièces au procès. » c'est-à-dire qu'il veut instruire de tout ce qui s'est passé pendant la triple campagne des Vosges, de la Loire et de l'Est, ceux qui n'ont pas fait partie du 20e corps. Pourquoi alors ne pas leur donner les noms des hommes qu'ils doivent mépriser ou haïr: des hommes qui ont entraîné la perte d'un corps d'armée, qui a prouvé à la France qu'elle avait encore des enfants sachant supporter toute sorte de fatigues, de privations, et même la mort, quand il le fallait, pour tenter de la sauver et de la délivrer de l'invasion étrangère.

Il faut que justice se fasse, que les coupables soient nettement séparés des innocents, afin que les honneurs et la considération publique soient la juste récompense des uns, que le stigmate de l'infamie et de la honte soit empreint en caractères de feu sur le front avili des autres.

Voilà pourquoi j'aurais désiré voir l'auteur proclamer, hautement, les rares noms auxquels il accorde des louanges, comme ceux qu'il livre au mépris public.

Enfin, le désir légitime de connaître le nom de l'écrivain qui publie ses impressions et souvenirs a fait naître une troisième réflexion.

Pourquoi donc n'avoir pas signé un ouvrage destiné à fournir des documents à l'histoire de la guerre de 1870-1871 ? — Si c'est par modestie, l'auteur a eu tort, car son livre, d'un style rapide et concis, révèle de brillantes qualités; mais il a eu tort surtout de garder l'anonyme, puisqu'il voulait exercer librement, dans son ouvrage, le droit de formuler de nombreuses critiques. Il eût été plus généreux, sans doute, d'assumer la responsabilité de celles qu'il dispense si libéralement et avec tant d'indépendance.

Voilà, en peu de mots, les trois réflexions que je livre aux méditations du lecteur. Je ferai tous mes efforts, à l'avenir, pour ne pas m'écarter de mon sujet. Je l'ai indiqué plus haut, en déclarant que je ne voulais rien juger, ni hommes ni faits, que mon seul but était de compléter les renseignements de l'auteur des « *Impressions et Souvenirs*, » par là même d'en rectifier quelques-uns. Tant qu'aux questions d'appréciation politique, je me garderai bien d'aborder un sujet aussi brûlant, ayant avant tout un profond respect pour la liberté de conscience et d'opinion.

PREMIÈRE PARTIE.

RÉSISTANCE A OUTRANCE.

Il n'entre dans mon programme ni d'analyser les angoisses qui tourmentèrent la foule à l'annonce de la capitulation de Sedan, ni les craintes, ni les espérances qui électrisèrent la France quand elle apprit la révolution qui venait d'éclater le 4 septembre. Qu'il me suffise de dire que moi aussi je crois que (1) « la France s'est rachetée ; ceux

(1) *Impressions et Souvenirs*, p. 5.

« qui ont cru en elle se sont fait illusion peut-être « sur ses forces, mais non sur sa volonté héroïque. « Elle voulait se défendre, elle ne pouvait pas ne « pas se défendre. L'Alsace, par la voix de son « martyr, le vénéré Kuss, n'a-t-elle pas dit : « Si « l'Alsace était la France et que la France fût « l'Alsace, il y aurait encore des hommes et de « l'argent en Alsace pour sauver la France. » C'eût « été le jugement de l'histoire, si l'on eût posé les « armes le 4 septembre 1870, et nous savons tous « que si on se relève d'un désastre, on ne se relève « pas d'une ignominie. Il vaut mieux, pour nous. « avoir été malheureux que d'avoir été lâches. » Admettant donc ce principe de la résistance à outrance, j'admire le gouvernement de la Défense nationale pendant son premier mois d'existence, pendant son mois d'organisation. Comment refuser sa sympathie à un gouvernement qui, poussé par le sentiment patriotique le plus louable, parvient en un mois à armer, à équiper un million d'hommes susceptibles de tenir pendant cinq mois encore une des campagnes les plus écrasantes que l'histoire nous apprenne, contre les troupes aguerries, disciplinées et instruites de l'Allemagne. Ce million d'hommes, que dis-je, de conscrits, a prouvé au monde étonné que l'on n'écrasait pas la France d'un seul coup de massue; qu'il coulait encore dans nos veines du sang des nobles guerriers qui, depuis Clovis jusqu'à nos jours, ont fait la France telle qu'elle était il y a un an à peine. Ah ! si ces hommes avaient eu la discipline et l'instruction des bandes germaniques, assurément le puissant Guillaume aurait vu son empire se fondre sous un nouvel Iéna !

Sans chercher les causes de ce manque absolu de discipline et d'instruction, recherches qu'il faut laisser aux hommes compétents, n'est-il pas permis de penser que si, lors de la loi de 1868, les membres de la gauche de la chambre, et à leur suite toute la presse républicaine, n'avaient fait entendre de telles clameurs, sous le fallacieux et pernicieux prétexte d'économie sur le budget de la guerre, la réserve, la mobile, en un mot, aurait pu être organisée, instruite, de telle sorte qu'au jour de l'invasion, quand la France eut perdu ses 400,000 hommes de l'armée régulière, MM. Gambetta, Jules Favre, etc., auraient trouvé un million de soldats bien armés et prêts à délivrer la patrie. Il est vrai que les clameurs de la gauche n'ont été que trop entendues par un gouvernement dont la politique pendant vingt ans n'a été qu'une politique d'expédients, et qui préférait économiser sur la véritable force d'une nation, son armée, plutôt que de réduire d'un centime les gros traitements devant servir à satisfaire ses besoins immodérés de luxe et d'ostentation. Que ce gouvernement dissolvant emporte donc avec lui dans la tombe la part de mépris et de haine qu'il a accumulés sur sa tête et que l'impartiale histoire saura bien un jour lui infliger ! Il n'en est cependant pas moins vrai que quand nous jouissions d'une paix qui semblait ne devoir pas finir, ou plutôt quand nous dormions au bord de l'abîme qui devait nous engloutir, les futurs membres du gouvernement de la Défense nationale ont entravé, ont empêché la formation, l'instruction militaire d'une réserve appelée à rivaliser avec celle de l'Allemagne. Qu'en est-il résulté ? C'est qu'au jour du danger l'instrument de salut a manqué entre leurs mains ; ils n'ont trouvé que la non organisation, que l'ignorance complète du maniement de l'arme qui seule pouvait alors nous sauver.

Du reste, dès la promulgation de la loi sur la mobile, le résultat écrasant auquel nous sommes arrivés était prévu par les hommes pratiques, et même par ceux qui devaient en profiter un jour. Pour vous en convaincre, ouvrez l'intéressant et on peut dire presque prophétique recueil des rapports du baron Stoffel, attaché militaire d'ambassade française à Berlin, et méditez son rapport sur la mobile.

RAPPORT DU BARON STOFFEL

SUR LA LOI DE 1868.

Afin de faciliter les recherches et de confirmer ce qui vient d'être dit plus haut, qu'il me soit permis de mettre sous les yeux du lecteur quelques extraits de ce remarquable rapport. Le ministre de la guerre, d'alors, ayant demandé au baron Stoffel de lui faire connaître comment on jugeait en Prusse l'institution de la garde mobile, le sagace diplomate lui adressa un premier rapport le 29 mars 1868. Ses observations n'ayant pas eu le résultat qu'il était en droit d'en obtenir, il revient sur cette question dans un rapport du 12 août 1869, tellement il était convaincu de l'importance de ce

sujet. « Lorsque la loi, dit-il, fut promulguée l'an-
« née dernière, on jugea tout d'abord, à Berlin,
« que son application aurait pour conséquence
« d'augmenter les ressources militaires de la
« France ; mais à la suite d'un examen plus
« approfondi, cette première appréciation se trouve
« aujourd'hui singulièrement modifiée. En Prusse,
« où l'application du principe du service obliga-
« toire a jeté de si profondes racines et contribué
« si puissamment à la grandeur du pays, on s'ac-
« corde généralement à regarder notre nouvelle
« loi d'organisation militaire comme un progrès,
« en ce sens qu'elle consacre, quoique pour le
« temps de guerre seulement, ce même principe,
« si moral et si juste, de l'obligation au service
« pour tous les citoyens. Mais on ne comprend pas
« que le législateur, après l'avoir admis, se soit
« enlevé, par la plus incroyable inconséquence, le
« moyen de l'appliquer ; car, en effet, la loi ne
« permet pas de donner à la garde nationale mo-
« bile la moindre instruction militaire. Aussi est-
« elle regardée dans son ensemble comme un non
« sens ou comme une loi avortée, qui, loin de rien
« ajouter à la puissance de la France, ne produira,
« au contraire, qu'un affaiblissement de ses res-
« sources. »

Après avoir cité l'article de la loi qui paralyse toute instruction militaire, c'est-à-dire l'article 9, où il est dit paragraphe 3 : « Chaque exercice ou « réunion ne peut donner lieu pour les jeunes « gens qui y sont appelés à un déplacement de « plus d'une journée. Ces exercices ou réunions « ne peuvent se répéter plus de quinze fois par « année. » Le rapporteur se demande comment il ne s'est pas trouvé dans l'Assemblée un homme capable de dire à ses collègues : « ..... Quelle « instruction militaire voulez-vous qu'on puisse « donner à un homme qui, dans la plupart des « départements et dans une seule journée, aura « deux ou trois lieues à faire pour se rendre de « son domicile au lieu de réunion, autant à faire « le soir pour retourner chez lui, et qui, de plus, « sera obligé dans cette même journée, de se ren- « dre aux appels, aux rassemblements de toute « sorte, aux distributions d'effets, etc., etc.? Ne « voyez-vous pas qu'il y a impossibilité matérielle « à trouver dans cette même et unique journée un « seul quart d'heure pour le consacrer aux exerci- « ces proprement dits?... »

Passant ensuite à l'organisation de la réserve en Prusse, nous trouvons dans ce même travail l'exposé suivant : « En Prusse, les hommes de la « réserve et ceux de la landwehr sont soumis à des « exercices dont le but est d'entretenir chez eux « l'instruction militaire qu'ils ont reçue antérieu- « rement pendant les trois années passées sous les

« drapeaux. D'après les paragraphes de la loi du « 9 novembre 1867, tout homme de la réserve est « tenu de participer, pendant son temps de service « dans la réserve, à deux exercices dont chacun ne « doit pas durer plus de deux semaines, et les « hommes de l'infanterie et de la landwehr peu- « vent être rappelés pendant leur temps de ser- « vice dans la landwehr pour faire par compagnie « ou par bataillon séparés, des exercices de huit à « quatorze jours chacun. »

On voit donc la grande infériorité qui existe entre la mobile française, telle que la loi l'a organisée, grâce aux réclamations de la gauche, et la réserve prussienne composée d'hommes ayant déjà servi trois ans sous les drapeaux (de 20 à 23 ans) pour faire ensuite quatre ans dans la réserve (de 23 à 27 ans) et cinq ans dans la landwehr (de 27 à 32 ans). Toujours d'après le même rapport. Aussi « je dirai donc (c'est encore le baron Stoffel qui « parle), qu'il n'y a aucune comparaison à établir « entre la landwehr composée toute entière d'an- « ciens soldats dans la force de l'âge, instruits au « métier des armes, disciplinés, fortement organi- « sés, et la garde nationale mobile, formée de « jeunes gens à qui la loi refuse de donner la « moindre instruction militaire. » D'après ce qui vient d'être dit, on doit bien s'attendre à la triste conclusion suivante du baron Stoffel. « Comment

« nous étonner qu'ici et dans toute l'Allemagne, « on taxe la nation française d'ignorance, de pré- « somption vaniteuse, et qu'on y proclame avec « une satisfaction mal déguisée, dans des livres « sérieusement écrits, la décadence des races lati- « nes. Je le déclare ici : tous les officiers intelli- « gents et studieux, et l'armée prussienne en « compte un grand nombre, avec qui je me suis « entretenu de notre nouvelle loi militaire, la « jugent avec un grand sens pratique, et la consi- « dèrent tout simplement comme une œuvre « stérile. Et, sans en avoir précisément la preuve, « j'oserais presque affirmer qu'en Prusse les per- « sonnages importants qui suivent de plus près « les affaires militaires de la France se réjouissent « de l'affaiblissement qu'entraînera pour elle l'ap- « plication de la nouvelle loi sur l'armée. »

Continuant son parallèle entre les forces françaises et prussiennes, après avoir démontré qu'une guerre est imminente entre les deux nations, le baron Stoffel continue en ces termes :

« Comment ne pas être profondément affecté de « ces contrastes, quand on est convaincu, comme « moi, que la guerre est inévitable. Mais (il im- « porte de ne pas l'oublier) dans cette guerre, la « Prusse, ou plus exactement la Confédération de « l'Allemagne du Nord, disposera d'un million de « soldats instruits, disciplinés et fortement organi-

« sés, lorsque la France en compte à peine 3 à
« 400,000 ; mais les armées de la Confédération
« renfermeront toute la partie virile, toutes les
« intelligences, toutes les forces vives d'une nation
« pleine de foi, d'énergie et de patriotisme, quand
« l'armée française est composée presque exclusi-
« vement de la partie la plus ignorante et la plus
« pauvre de la nation ; mais l'armée allemande,
« par cela même qu'elle comprend toute la partie
« virile du peuple, sans acception de condition
« sociale, se sentira soutenue et fortifiée par l'es-
« time et la considération sans égale dont elle
« jouit dans le pays, quand l'armée française,
« regardée par les uns comme une institution
« inutile, battue en brèche par les autres, qui y
« sèment la corruption et l'indiscipline, vit comme
« affaissée sous un manque de considération absolu
« et sans conscience de la mission qu'elle remplit.

« J'insiste une dernière fois sur cette opposition
« frappante que présentent les forces militaires
« des deux nations et les nations elles-mêmes. Je
« ne puis le cacher, elle constitue pour moi et
« pour quelques Français qui regardent la guerre
« comme inévitable, et qui habitent Berlin, le
« sujet de nos plus douloureuses préoccupations
« et de nos constantes tristesses. »

Voilà donc comment en Prusse on jugeait notre situation dès le mois d'août 1869. Il est assurément superflu de rien ajouter aux citations que nous venons de parcourir; leur justesse n'a été que trop malheureusement démontrée par les événements. Contentons-nous de déplorer un entêtement, ou tout au moins un aveuglement, qui nous a été si funeste, tandis qu'il était encore si facile de se désillusionner et d'apporter un prompt remède à un tel état de choses. Les hommes du gouvernement impérial, tout aussi bien que les futurs membres de la Défense nationale nous ont conduits, par leur obstination à ne pas vouloir tenir compte des observations faites, par un homme dont on ne peut nier la compétence, dès le 29 mars 1868, et plus tard le 12 août 1869, c'est-à-dire un an avant la déclaration de la guerre; ces hommes, dis-je, nous ont conduits à un des plus grands cataclysmes dont l'histoire nous offre l'exemple.

ARMÉE DITE RÉGULIÈRE.

Quand j'ai dit plus haut que le gouvernement de la Défense nationale n'avait trouvé que « la « non organisation, que l'ignorance complète du « maniement de l'arme qui seule pouvait alors « nous sauver, » je n'ai fait qu'énoncer un fait malheureusement trop vrai. Deux catégories de troupes ou plutôt l'armée subdivisée en deux noms était la seule qui nous restât : l'armée dite régulière et la mobile. Ici, je suis heureux d'être à peu près en communauté d'idées avec l'auteur des *Impressions et Souvenirs*. Qu'est-ce, en effet, que la composition de ce qui existait comme armée régulière? Ce n'était, hélas ! que des régiments de marche, dont les *Impressions et Souvenirs* font parfaitement connaître l'organisation, et, par là même, les vices organiques (1). « Les régiments de marche, y « est-il dit, formés à la hâte dans toutes les guer« res pour combler les vides faits par la mort ou « par les maladies, sont fort hétérogènes. Ceux « qui les composent, en grande majorité, sont les « dépôts des régiments déjà partis, les soldats qui « ont été envoyés en congé illimité, ceux qu'on a « attachés comme ouvriers aux régiments, et qui « n'ont jamais pratiqué de métier moins que celui « des armes ; les engagés volontaires, naturelle« ment aussi inexpérimentés que le pouvaient être « les mobiles ; enfin, dans la guerre de 1870-1871, « il faut ajouter à ces éléments déjà fort dispara« tes, les anciens soldats rappelés sous les drapeaux « par un décret du mois d'août, et la classe de « conscrits qui a été levée en décembre et immé« diatement versée dans les bataillons de guerre. »

De plus, tous ces éléments n'étaient pas réunis. Il a fallu qu'en un mois on parvienne à en former un tout plus ou moins homogène; il a donc fallu pour cela diriger tous les hommes sur les dépôts, puis ensuite rassembler plusieurs dépôts et en former le régiment de marche proprement dit, qui

(1) *Impressions et Souvenirs*, p. 8.

devait immédiatement partir pour l'armée déjà en campagne. Les hommes d'un même régiment étaient donc, par la force même des choses, inconnus les uns aux autres; c'était à peine si, quand on le faisait partir pour l'ennemi, le soldat connaissait le nom de l'officier qui le commandait. Est-il possible que dans de semblables conditions l'homme estime celui qui doit le diriger et place en lui sa confiance ?

Composés ainsi, les régiments de marche ne valaient guère mieux que la mobile. Et encore faut-il le dire? ce qu'il y avait de bon, de solide chez eux n'était composé que de quelques vieux troupiers venant des dépôts, quelques rares engagés volontaires par patriotisme, et enfin les conscrits pleins d'inexpérience ; le tout formant à peu près la 5e ou la 6e partie des régiments. Quant aux autres, leur funeste influence se faisait sentir partout et en tout lieu. Leur expérience ou leurs vices ne leur servaient qu'à souffler l'insubordination, le pillage, le découragement et même la lâcheté à leurs frères d'armes de la mobile, dont, au contraire, ils auraient dû diriger les premiers pas dans cette nouvelle existence de la vie de campagne, en leur apprenant à obéir, à respecter les personnes et les propriétés, malgré les plus dures privations ; à ne se décourager devant aucune fatigue, aucune des souffrances qu'entraîne toujours avec soi une campagne d'hiver ; surtout à repousser loin de soi la pensée seule de fuir le danger, de reculer devant l'ennemi, en un mot, à préférer mille fois la mort sur le champ d'honneur à la honte de s'entendre appeler lâches. Certes, on peut dire hautement, qu'à part quelques nobles exceptions. l'influence des régiments de marche, et en particulier de la portion de leur contingent composée des anciens soldats rappelés sous les drapeaux, a été des plus funestes sur les malheureux mobiles. Voilà donc quels étaient les hommes qui devaient remplacer en partie la vaillante armée que nous venions de perdre par un de ces coups de foudre qui aurait anéanti toute autre nation que la France.

MOBILE.

Il ne faudrait pas croire que l'esprit de corps nous ait rendu trop indulgent pour la mobile, écartant d'elle tout blâme et ne lui attribuant que des louanges. Non, telle n'est point notre pensée, mais avant tout, il faut rendre justice à tous; nous avons vu les maux, cherchons quelle peut en être l'origine, puis nous proclamerons avec orgueil ce que nous avons obtenu de la part d'hommes placés dans de telles conditions; après cela, chacun peut prévoir de quels efforts eussent été capables des troupes aguerries et bien disciplinées.

Nous avons déjà signalé deux des principales causes de l'infériorité relative de la mobile : la funeste influence du vieux troupier indiscipliné sur de jeunes soldats, qui acceptaient comme des oracles tout ce qui venait de ces vétérans, et après le jugement desquels le pauvre mobile ne savait que dire dans son inexpérience : « C'est un vieux « troupier qui l'a dit. » Ensuite, la non organisation et la non instruction de tous ces hommes, au moment où les événements ont forcé de les envoyer à l'ennemi. Ce dernier point mérite que nous nous y arrêtions un instant.

J'ai dit la « non organisation. » Qu'y avait-il en effet de formé quand la guerre a éclaté? Dans la plus grande partie, on peut même dire dans la presque totalité de la France, l'empire s'était tellement peu occupé de la mobile que la loi de 1868 semblait être une lettre morte, et on peut dire (1) « que nous nous figurions aisément qu'on se pas- « serait éternellement de nous. » Il n'y avait de nommé, en effet, que le capitaine-major, le capitaine-trésorier et quelques officiers de ce genre appelés à former les régiments. Mais ils s'en étaient si peu occupés, que, lors de la convocation, les officiers qui venaient d'être nommés ont dû passer plusieurs jours à établir leurs rôles de compagnie sur les talons poudreux restés dans les

(1) *Impressions et Souvenirs*, p. 18.

casiers, après le tirage au sort de chaque année. Quant aux livrets, il va sans dire qu'ils n'existaient même pas, de sorte que, grâce à la précipitation des événements, la plupart des hommes sont partis sans en avoir, ce qui n'aurait jamais dû exister et ce qui a été une grande cause de désordre.

Je viens de dire les officiers qui venaient d'être nommés. Qui ne se souvient que tous les cadres, loin d'être formés à l'avance, afin que les titulaires des grades aient au moins le temps d'étudier leur théorie et de ne pas arriver devant leurs hommes aussi neufs qu'eux-mêmes dans ce nouveau métier, ces titulaires ont été demandés, choisis, dans les quinze jours qui ont précédé la première réunion. Il était vraiment bien triste, et nos ennemis avaient sujet de se réjouir de voir tous les jeunes gens, possédant un degré quelconque d'instruction, aller implorer, dans les bureaux des subdivisions, la faveur du moindre grade. Enfin, les choix ont été faits, peu importe d'après quelles bases; mais il est juste de dire, que non seulement le gouvernement ne s'est pas attaché (1) « à s'attirer « ainsi la clientèle des fils de fonctionnaires, de « célibataires déclassés et de quelques nobles qui « songeaient à rehausser leurs couronnes de com-

(1) *Impressions et Souvenirs*, p. 63.

« tes par un brevet de capitaine, » mais que, pressé par les événements, il a octroyé des grades à tous les jeunes gens, sans distinction de caste ou d'opinion. De telle sorte que les corps d'officiers offraient l'admirable spectacle d'hommes, ou de jeunes gens, réunis, non pour combattre tel ou tel parti, mais bien l'ennemi de tous, les hordes germaniques envahissant la France. Le négociant, le fonctionnaire, le bourgeois, le noble se donnaient la main pour cette grande œuvre. Les idées républicaines, napoléoniennes, orléanistes, légitimistes, ont eu de dignes représentants qui ont accompli leur devoir avec courage, qui ont donné leur vie sans murmurer pour délivrer leur patrie du fléau qui devait tenter de l'anéantir. Honneur à tous ! pleurons également sur ceux de nos infortunés camarades que nous avons laissés au champ d'honneur, sans nous inquiéter de savoir quelles étaient leurs opinions politiques. Que leurs familles sachent, que leurs mères dans leur douleur apprennent que leurs enfants ont noblement fait leur devoir et qu'ils emportent dans la tombe les regrets unanimes de leurs compagnons d'armes. Chacun sait qu'il n'est pas juste de prétendre que « la plupart « des brevetés de la première heure donnèrent « leur démission, » puisque cette première heure n'a jamais existé. L'armée, qui était à la disposition du gouvernement de la Défense nationale, n'était pas une armée servant telle ou telle opinion, mais bien servant la France. Si j'avais besoin de confirmer mes paroles par une voix plus compétente et plus autorisée que la mienne, je me permettrais simplement de rappeler les paroles de M. le général Chanzy à l'Assemblée nationale le 15 juin 1871. « Je dois déclarer, dit-il, que les préoccupations « politiques étaient nulles dans mon armée. J'ai, « avant d'en prendre le commandement, posé net« tement la question au ministre de la guerre, et « je l'ai mis en demeure de s'expliquer devant mes « officiers. S'il en avait été autrement, aurais-je eu « avec moi les Cathelineau, les Charette, et, je « peux bien le dire, des princes de la famille d'Or« léans? (Applaudissements sur plusieurs bancs.) « Non, Messieurs, il y avait là des sentiments plus « dignes où je puisais une confiance peut-être « exagérée, mais qui, en tous cas, ne s'est jamais « laissée abattre par les revers. » Aurions-nous vu, en effet, combattant sous le même drapeau, Garibaldi, Cathelineau, Charette; Charette, dont les volontaires ont si bien prouvé que s'ils savaient mourir pour leur croyance religieuse, ils n'hésitaient pas davantage à donner jusqu'à la dernière goutte de leur sang pour le salut de la patrie; tous leurs camarades de l'armée de la Loire se plaisent à proclamer leur bravoure; leurs chefs pleurent encore les flots de sang qu'ils ont répandus pour attirer la victoire lorsque tout était désespéré, ou tout au moins assurer la retraite du reste de l'armée. L'opinion publique, du reste, n'a pas attendu pour se prononcer, et leur décerner le tribut de louanges auquel ils ont droit. C'est à tort que les *Impressions et Souvenirs* semblent le méconnaître et insinuer qu'il n'y a que les républicains qui aient fait tous leurs efforts pour sauver la France. Ce qui fait la force de notre pays, ce qui nous donne l'assurance d'une prompte et éclatante revanche, c'est, au contraire, devant l'ennemi commun, cet oubli de toute rancune mesquine, cet accord sans pareil de tous les citoyens tendant au même but.

Après cette petite digression, revenons à notre sujet. Au moment de la convocation, non seulement les officiers ont dû être désignés à la hâte, mais encore, il n'est pas besoin de le dire, les hommes n'étaient pas classés sur le papier par compagnie, on savait seulement que ceux provenant du même canton devaient être réunis ensemble; mais, comme il se trouve des cantons plus peuplés les uns que les autres, il a fallu que les officiers emploient un temps qui leur aurait été si utile pour apprendre leur théorie, et même prennent sur le repos dont ils avaient si grand besoin après les fatigues de la journée, pour chercher des combinaisons, afin d'égaliser toutes les compagnies d'un même bataillon. Que dire des équipements de toute nature ? Y avait-il dans les magasins une seule paire de chaussures, un seul uniforme, le moindre objet du grand et petit campement ? Chacun sait que rien de tout cela n'existait, qu'il a fallu vêtir, équiper les hommes avec n'importe quoi ; la qualité des fournitures n'était seulement pas appréciée. Dans la pénurie et le besoin pressant devant lequel on se trouvait, il fallait accepter tout, toujours et quand même. L'ennemi foulait le sol de la France, il ne perdait pas une minute pour pénétrer jusqu'au cœur de nos provinces : il fallait, avant tout, se hâter d'aller à sa rencontre, tenter d'opposer une digue au flot toujours montant de l'armée prussienne.

LES LEVÉES EN MASSE.

ÉLECTION DES OFFICIERS.

Mais pour arrêter cette armée instruite, disciplinée, enivrée de la victoire, suffisait-il d'avoir des hommes, des levées en masse plus ou moins bien équipées? plus ou moins bien organisées?

Ah! je n'ignore pas que j'effleure un sujet brûlant : « La puissance des levées en masse! » Pour les motifs que j'ai signalés tout d'abord, il n'entre pas dans mon programme d'apprécier; je ne discuterai donc pas ce sujet là. Mais, sans porter le moindre jugement sur la question, personne ne contestera, j'espère, que pour combattre, il faille des hommes sachant tout au moins les premiers éléments de l'instruction militaire. Du reste, à ce propos, je ne ferai que relater un passage du discours du brave général Trochu, à l'Assemblée nationale le 14 juin 1871 : « En second lieu, dit-il, « M. Gambetta était dominé par une tradition qui « n'était pas vraie, alors même qu'elle naissait, la « tradition de 93. Il croyait qu'avec des foules « réunies à la hâte on pouvait combattre des « armées permanentes. Les mémoires de Dumou-« riez et de Gouvion-Saint-Cyr ne laissent aucun « doute à ce sujet. A cette époque même la tradi-« tion n'était pas vraie. A l'heure où nous sommes, « elle est absolument fausse. A l'heure où nous « sommes, l'âme des nations ne peut plus combat-« tre l'arsenal des nations. (Vive approbation.) Cet « arsenal, c'est l'organisation, la préparation, la « discipline et l'emploi des moyens matériels per-« fectionnés par une science qui a un caractère « mathématique. (Très-bien ! très-bien !) Dans la « deuxième partie de cette guerre, nous avons « combattu avec notre âme contre l'arsenal ennemi « et nous avons péri. »

Quel était le degré d'instruction des jeunes gens que l'on envoyait au feu, voilà toute la question ? Nul, ou peu s'en faut. Quand, en effet, tout le monde convient qu'un conscrit ne peut devenir, non pas un soldat aguerri, mais seulement ce qu'on appelle un soldat, à moins d'avoir un an ou dix-huit mois d'instruction et de manœuvres journalières, l'auteur des *Impressions et Souvenirs* se charge lui-même de nous apprendre « qu'on nous « exerce au chef-lieu d'arrondissement pendant « quinze jours, au chef-lieu de département pen- « dant huit jours, et après trois semaines d'exerci- « ces, de parade avec de vieux fusils à piston, on « nous procure enfin à grand peine des chassepots, « et l'on nous dirige sur l'ennemi. » De plus, à partir du moment où nous sommes entrés en campagne, pas un seul jour, pas une seule heure n'a pu être employée à instruire ces malheureux conscrits. Il fallait marcher, marcher toujours, pour arriver à se mesurer avec un ennemi dont l'instruction militaire ne laissait rien à désirer ! Il faut avouer franchement que toutes ces considérations étaient bien faites pour inspirer des craintes sérieuses aux généraux devant livrer, avec de tels hommes, des actions importantes contre un ennemi dont ils connaissaient toute la force acquise par l'instruction militaire.

A ces causes, qui étaient indépendantes du gouvernement de la Défense nationale jusque dans une certaine limite, il faut en ajouter une autre qui, dans beaucoup de régiments, a fait le plus grand mal, je veux parler de l'élection des officiers. L'ouvrage que nous discutons est empreint d'un esprit démocratique qui n'a peut-être pas permis à son auteur de signaler ce système comme une faute. Tous les gens cependant qui voient les choses sans passion ni parti pris; tous les hommes ayant la moindre notion de l'art militaire, et surtout tous les officiers, de n'importe quel grade, sont unanimes pour condamner ce mode de procéder. Une telle appréciation est encore là confirmée par la suite des paroles du général que je viens de citer il n'y a qu'un instant. L'illustre gouverneur de Paris continue en ces termes :

« M. Gambetta avait donné à ce sujet (les levées « en masse) des illusions qui lui ont été fatales... « (Int. diverses.), qui nous ont été fatales. Ces « illusions, que j'avais souvent combattues quand « je siégeais à côté de lui dans le conseil de l'hôtel- « de-ville, l'avaient conduit par exemple à propo- « ser — toujours la tradition de 93 — au conseil de « décider que les grades dans la garde mobile se- « raient donnés à l'élection. Battu trois fois sur ce « terrain, il y revient, entraînant, par le talent « très-considérable qu'il avait, les votes unanimes « du gouvernement, excepté deux, celui du géné- « ral le Flô et le mien.

« Je cherchai vainement à faire comprendre « qu'il y avait là d'abord un déni de justice ; car

« les officiers de la garde nationale mobile étaient « souvent venus à Paris avec le bénéfice du décret « qui les nommait; en second lieu, que des élec- « tions devant l'ennemi étaient un fait sans exem- « ple et un véritable désastre.

« Cette doctrine prévalut cependant; mais M. « Gambetta ne fut pas longtemps sans en voir les « les effets, et, à Tours, il refusa de faire élire les « officiers de la garde nationale mobile... »

Une semblable appréciation émanant de juges tels que les généraux Trochu et le Flô (les seuls membres du gouvernement de la Défense nationale qui fussent militaires), et, par la suite, de M. Gambetta voyant les effets (quels effets?) de son système, se passe de tout commentaire.

La loi de 1832 avait aboli l'ancienne légion, à cause des abus qui s'y trouvaient, et les républicains, voulant faire de la démocratie à tout prix, ne se contentent pas de reconstituer cette même légion sous le nom de mobile, mais ils font encore choisir les chefs par les subordonnés. Qu'est-il arrivé? Ce à quoi on devait bien s'attendre : les hommes n'ont pas considéré, dans le choix de leurs officiers, quel était leur degré de capacité; ils n'ont pris que ceux qui étaient bons et indulgents pour eux; mais entre indulgence et faiblesse il n'y a qu'une nuance qu'il est bien difficile de distinguer. Qu'en est-il survenu? C'est que dans le régiment des

Deux-Sèvres, en particulier, il n'y a eu que trois ou quatre officiers éliminés par leurs hommes. Vous croyez peut-être que c'est parce qu'ils avaient fait preuve d'ignorance ou d'incapacité? Détrompez-vous, c'étaient d'anciens officiers ou sous-officiers de l'armée, que leur patriotisme avait poussé à s'engager contre la Prusse, et auxquels on ne pouvait adresser qu'un reproche, qui est un véritable éloge : ils aimaient trop leur métier, et ne négligeaient rien pour activer, autant qu'il dépendaient d'eux, l'instruction de leur compagnie; pour cela, il fallait évidemment forcer les hommes à travailler et leur faire comprendre les exigences de la discipline militaire. Du reste, dès que la mobile a échappé à l'administration civile, pour passer sous l'autorité militaire, l'élection n'a plus eu lieu, et l'avancement s'est donné, non pas à l'ancienneté (puisque tous les officiers dataient de la même époque), mais bien au choix, justifié, soit par des faits d'armes, soit par un degré d'instruction militaire un peu plus avancé que celui des autres, soit par la régularité dans le service. De telle sorte qu'un officier supérieur, réprimandant un officier subalterne, n'était plus exposé à s'entendre répondre : « Ma foi, si je n'ai pas fait telle chose, « c'est que les hommes ne seraient pas contents de « moi, et que, revenus chez eux, ils me feraient « perdre ma clientèle. » — On avouera que quand l'élection aboutit à de semblables résultats, et à faire nommer des officiers susceptibles de semblables réponses, elle est parfaitement mauvaise et fait perdre tout prestige d'autorité à ceux qui sont élus par elle.

Je me suis peut-être trop étendu sur les causes de l'infériorité relative de la mobile. Mais il était de mon devoir d'indiquer clairement quel était le mal qui nous rongeait, qui bien souvent paralysait les plus généreux efforts, afin qu'on y apportât des remèdes efficaces le plus promptement possible. Que ne peut-on attendre, en effet, d'une jeunesse qui, placée dans de si mauvaises conditions, est parvenue à arrêter souvent l'ennemi, à le battre quelquefois ? Combien était grand le mérite de ces malheureux conscrits qui, par leur courage, ont pu tenir tête aux Prussiens pendant une journée entière, le 6 octobre, à la Bourgonce; qui, le 22 octobre, à Châtillon-le-Duc, ont rétabli en notre faveur un combat engagé inconsidérement par le colonel Perrin, contre des forces bien supérieures ! Qu'ils étaient beaux, ces enfants, le 28 novembre, à Beaune-la-Rolande, donnant la main aux zouaves, repoussant l'armée de Frédéric-Charles de toutes les positions qu'elle occupait, jusque dans les murs de la ville ; bravant la mort pendant plus de cinq heures dans les terrains découverts qui entourent Beaune, d'où les Prussiens les mitraillaient presque impunément, abrités qu'ils étaient dans les maisons! Citerai-je encore le 9 janvier à Villersexel, le 13 au Saulmot, les 14, 15 et 16 à Héricourt? Non, il n'en est pas besoin : Beaune, Villersexel, le Saulnot, Héricourt, noms à jamais impérissables dans les annales du régiment des Deux-Sèvres et qui lui assureront toujours l'estime et le respect de tous.

A ces souvenirs, je ne puis m'empêcher de maudire, encore une fois, les hommes qui ont empêché l'instruction de tels soldats, le gouvernement assez faible et assez imprévoyant, pour ne pas accomplir et faire exécuter jusqu'au bout le projet du maréchal Niel! Tous sont également coupables, tous ont, sans le vouloir, servi à écraser la France! Que nos malheurs retombent sur eux!

L'ARTILLERIE.

Après avoir parlé déjà longuement de l'armée régulière et de la mobile, il serait peut-être nécessaire de s'étendre sur l'artillerie. Mais, comme là, il n'y a rien à apprendre, rien à raconter ; qu'à mon point de vue, il n'y aurait qu'à apprécier notre artillerie, et pour cela la mettre en parallèle avec l'artillerie ennemie, je ne ferai qu'effleurer ce sujet, me soumettant toujours à mon programme de ne rien juger. Du reste, ma résolution est confirmée ici par la conscience que j'ai de mon ignorance en pareille matière. Quand on ne sait, ou qu'on ne peut prouver, il est bien préférable de garder un prudent silence.

Je livrerai donc simplement quelques réflexions à l'appréciation du lecteur.

Passant rapidement sur les progrès et transformations de l'artillerie en France et en Prusse, l'auteur des *Impressions et Souvenirs* ajoute (1) : « A « nos pièces se chargeant par la bouche, l'ennemi « opposa un nombre de pièces dix fois plus consi- « dérable, avec un tir beaucoup plus rapide (charge « par la culasse). Avec le nouveau système de « guerre, c'était la victoire presque assurée pour « elle. »

On doit constater l'aveu involontaire qui est fait par ces mots : « C'était la victoire presque assurée « pour elle. » Si, en effet, la victoire est déjà presque assurée à l'ennemi par son artillerie perfectionnée et formidable, les généraux français, qui n'avaient à leur disposition qu'un matériel restreint et de modèles reconnus inférieurs, peuvent-ils être rendus responsables d'un tel état de choses ? Évidemment non ; il n'y a que le gouvernement auquel puisse incomber une telle responsabilité.

De plus, devant cette insuffisance d'artillerie, le gouvernement s'est efforcé de faire fabriquer des

(1) Page 72.

pièces, mais quelles pièces a-t-il fait fondre? Des pièces de petits calibres, qu'il fallait opposer aux pièces à longues portées que l'ennemi possédait. Les partisans du gouvernement de la Défense nationale avouent que (1) « malheureusement on « s'est acharné à en fabriquer beaucoup trop, pro- « portionnellement aux pièces, dites de 12. » Mais quel est cet *on?* Ce ne sont pas les généraux, je pense, c'est évidemment le gouvernement de la Défense nationale, personnifié par le dictateur de Bordeaux, qui se croyait, sans les posséder, hélas! les talents de Hoche et de Carnot.

Signalons encore un fait : malgré toute l'activité qu'a déployée le gouvernement pour fortifier notre artillerie, il n'a pas été possible de livrer à l'armée en campagne (du moins au 20e corps) plus d'une batterie (et une batterie de 4!) par brigade.

En outre, par corps d'armée, une réserve composée de :

Quelques batteries de 4;

Quelques-unes de 12;

Enfin, quelques mitrailleuses.

Le tout desservi par des hommes qui n'étaient dressés à ce métier, ni par une longue pratique, ni par des études spéciales bien approfondies.

(1) *Impressions et Souvenirs*, p. 72.

quand (1) « ce n'est qu'à la longue qu'on devient « bon artilleur. »

L'artillerie, cependant, pèse maintenant d'un grand poids dans le sort des batailles ; ne pas en avoir, ou n'en posséder qu'une insuffisante, c'est se résoudre par avance à des résultats désastreux.

L'homme qui est exposé au feu de la mitraille, qui ne se sent pas protégé par les batteries amies dont il reconnaît l'infériorité, est facilement découragé. Il faut avouer qu'il est dur, qu'il est, on peut dire désespérant, d'être frappé sans pouvoir se défendre ou se venger. C'est assurément (2) « le « triomphe de la machine, la suppression du héros.»

Je demande franchement, encore une fois, si les généraux peuvent être rendus responsables d'un tel état de choses ; surtout quand on considère, en outre, les moyens qu'ils avaient d'y suppléer : c'est-à-dire l'armée composée, comme nous l'avons vu dans les chapitres précédents, de régiments de marche et de mobiles.

(1) *Impressions et Souvenirs*, p. 73.

(2) *Impressions et Souvenirs*, p. 76.

FRANCS TIREURS.

Il y a une dernière catégorie de soldats qu'il est bon de ne pas passer sous silence, dans ce rapide exposé des forces que le gouvernement a mis entre les mains des généraux, pour sauver la France. Cette catégorie de soldats aurait pu rendre les plus grands services, si elle avait compris son rôle, si elle avait voulu se soumettre aux ordres qui lui étaient donnés. Chacun comprend qu'il s'agit de tous les volontaires, qui, sous les noms d'éclaireurs et de francs tireurs proprement dits, étaient attachés aux flancs de l'armée.

Je commence par déclarer que ce qui va suivre ne s'applique pas indistinctement à toutes les compagnies. Certes, il s'est trouvé des compagnies, telles que celles des Deux-Sèvres, des Bretons, du Doubs, de Charette, de Cathelineau, etc., qui ont noblement, vaillamment fait leur devoir. Malheureusement le nombre en est fort restreint (dans l'armée de l'Est du moins); aussi ne doit-on que plus d'éloges à celles qui ont compris qu'elles avaient de grands devoirs à remplir. Aux francs tireurs, en effet, incombait la mission, d'autant plus honorable, qu'elle était plus périlleuse, d'éclairer au loin l'armée à laquelle ils étaient attachés, de dissimuler les mouvements par des diversions incessantes, de harceler l'ennemi jour et nuit, de s'emparer de ses traînards, de surprendre ses convois et ses postes avancés, d'entraver ses communications, de ralentir sa marche en coupant les routes, les voies ferrées, en faisant sauter les ponts, les tunnels. La nature favorisait, du reste, ce genre de lutte. dans tout l'Est de la France, par les régions boisées et accidentées qui couvrent cette partie de notre pays.

Pour faire ainsi ce qu'on peut appeler la chasse à l'homme, il fallait des hommes obéissant aveuglement aux moindres ordres de leurs chefs; il fallait des hommes dont la santé fût au-dessus des intempéries de la saison, au-dessus des marches forcées, au-dessus des privations inséparables d'un pareil métier; il fallait, enfin, des hommes ne reculant devant aucun danger, affrontant la mort sans sourciller, ne considérant rien comme impossible à un Français. Au lieu de n'être recrutées que d'hommes répondant à de telles conditions, que trouvait-on dans une grande partie des compagnies de francs tireurs ? Elles étaient composées, en général, d'hommes comptant échapper ainsi aux exigences de la discipline militaire, d'hommes dont le courage était loin d'être à toute épreuve, et (faut-il l'avouer ?), d'hommes songeant plutôt au pillage et au butin qu'à la défense de la patrie.

Combien, en effet, trouvait-on de compagnies qui ne voulaient pas se soumettre aux ordres des généraux, sous prétexte qu'elles recevaient directement leurs ordres du ministère de la guerre ? Qu'en résultait-il ? C'est que souvent, elles entravaient la marche de l'armée, elles faisaient connaître à l'ennemi, par leur présence intempestive, les opérations en voie d'exécution ; leur indiscipline était si forte, que souvent ces hommes n'obéissaient même pas aux officiers qu'ils s'étaient choisis, qu'ils se permettaient même d'interpeller, plus ou moins grossièrement, les officiers de l'armée. Quant à leur courage, deux faits seulement nous en donneront la mesure. Pendant la retraite de la 1re armée des Vosges sur Besançon, un officier supérieur ayant ordonné à quelques hommes de la compagnie dite *Égalité*, de Marseille, de faire une

petite reconnaissance sur le flanc de la colonne, il lui fut répondu ceci : « Citoyen colonel, nous som-
« mes venus pour sauver la République, mais non
« pas pour nous battre avec les Prussiens. »

Le 20 octobre, le général Cambriels ordonna au 3e bataillon du régiment des Deux-Sèvres, d'aller occuper le village de Voray, situé sur la route de Besançon à Vesoul ; cette dernière ville était alors au pouvoir des Prussiens. Arrivé sur les lieux, le commandant trouva une compagnie de francs tireurs cantonnée dans cette localité depuis déjà quelques jours. Une partie de la journée se passa sans incident; mais, dans l'après-midi, une femme effarée vint jeter l'alarme et annoncer qu'une troupe prussienne venait attaquer Voray. Aussitôt le bataillon prit les armes et se disposa à recevoir l'ennemi; chacun alors chercha des yeux les francs tireurs qui, quelques instants auparavant, se promenaient dans les rues. Les malheureux se trompaient de direction, ils partaient tous du côté de Besançon. Il est bon d'ajouter que cette alerte n'avait été occasionnée que par une reconnaissance française envoyée du côté de Vesoul, et qui revenait tranquillement retrouver le bataillon. Si les francs tireurs agissaient ainsi quand ils avaient 1,200 hommes pour les soutenir, de quelle façon devaient-ils donc se comporter quand ils se trouvaient seuls en présence de l'ennemi ?

La réputation des francs tireurs comme pillards et voleurs était si bien établie parmi les populations qui subissaient le fléau de la guerre, que, bien souvent, les habitants ne dissimulaient pas la terreur qu'ils leur inspiraient. Ils disaient hautement qu'ils préféraient voir les Prussiens que les francs tireurs. Sentiment que je suis loin d'approuver, mais qui montre jusqu'à quel point ils étaient redoutés. Il est triste d'arriver par une conduite indigne, à ce que des Français préfèrent voir chez eux l'ennemi qui leur fait toutes sortes de réquisitions, qui foule le sol de la patrie, à des Français, à des compatriotes qui devraient les défendre, qui devraient chasser au loin les envahisseurs.

Voilà quels étaient les hommes que la nation équipait à grands frais, auxquels elle accordait une paye bien plus élevée qu'aux malheureux soldats de l'armée, espérant que tant d'or, tant d'efforts ne seraient pas faits en vain, pour délivrer la France du joug de l'étranger. Noble illusion, qui s'est évanouie avec bien d'autres, et qui n'a été d'aucun secours à ceux qui étaient spécialement chargés de sauver la patrie.

L'INTENDANCE.

Jusqu'ici nous avons passé en revue ce que l'on peut appeler la partie militante de l'armée. Il faut maintenant jeter un coup d'œil sur l'administration chargée de pourvoir à tous les besoins de ces soldats appelés à donner leur vie pour la France.

Il est évident que des hommes auxquels une bonne administration, une bonne intendance ne laissera rien à désirer, sous le double rapport des vivres et des équipements, seront bien plus propres à supporter les fatigues qu'entraîne toujours une campagne, que ceux auxquels l'intendance n'accordera pas les secours les plus indispensables. S'il est vrai, en effet, que le moral double les forces d'un homme et le rend capable d'accomplir des choses incroyables, il n'en est pas moins vrai que les bonnes dispositions physiques et hygiéniques, contribuent puissamment à relever le moral, à entretenir le courage. Que ne peut-on attendre d'un soldat qui se sent bien équipé, qui possède de bons vêtements, de bonnes chaussures, qui sait enfin, qu'en arrivant le soir à l'étape il trouvera tout disposé pour lui procurer la plus grande somme possible de repos et de confortable. C'était, du reste, une des grandes forces de l'armée prussienne, force qui lui permettait d'exiger, à des moments donnés, des fatigues inouïes de ses hommes. Dans l'armée française, au contraire, le soldat n'était jamais sûr de trouver ce dont il avait besoin à la fin de la journée; aussi le nombre des traînards était effrayant.

Mais s'il y a des réformes très-sérieuses à faire dans l'intendance française, il serait bon de savoir, avant tout, dans quel sens on doit les diriger? Pour cela, il nous faut suivre la marche que nous avons déjà adoptée pour les régiments de marche et la mobile, c'est-à-dire rechercher les causes, mettre le mal à découvert, afin qu'un habile administrateur applique les réformes nécessaires.

Signalons tout d'abord, que le corps d'intendance

formé par le gouvernement de la Défense nationale, s'est trouvé, par la force même des choses, exactement dans les mêmes conditions que le reste de l'armée. C'est-à-dire : ce qui formait en France la plus grande partie du corps de l'intendance proprement dit, était tombé au pouvoir de la Prusse en même temps que les armées de Sedan, Strasbourg et Metz. Comme dans l'armée, il a donc fallu appeler à des fonctions qui demandent une grande expérience et des connaissances toutes spéciales, des hommes qui ne s'étaient jamais, ou presque jamais, occupés des grands approvisionnements que nécessitent des armées en campagne. Cela est tellement vrai que M. de Freycinet, délégué du ministre de la guerre, dit lui-même dans son ouvrage *la Guerre en Province :* « On se rappelle « qu'un sous-intendant militaire supportait seul, à « notre arrivée, le poids de tous les services admi- « nistratifs. Il fut remplacé par un homme habitué « au maniement des grandes masses, M. Perot, « ancien chef du mouvement général des chemins « de fer de l'Ouest, qui assuma la direction supé- « rieure. On lui adjoignit peu de temps après un « autre fonctionnaire des chemins de fer, M. Le- « jeune, chargé sous ses ordres de surveiller l'en- « semble. » Armées formées de conscrits d'un côté, intendance inexpérimentée d'un autre, voilà ce que les généraux avaient à leur disposition ! Encore une fois, doivent-ils en être responsables?

Chacun sait, en outre, que ces intendants de fraîche date ont trouvé tous les magasins complètement vides des objets de première nécessité. Il n'y avait ni uniformes, ni chaussures, ni effets du grand et du petit campement, ni conserves de n'importe quelle sorte; c'est à peine si quelques centaines de caisses de biscuits se trouvaient dans les grands magasins de Lyon, de Marseille, etc... Il a donc fallu qu'ils se procurassent tout ce qui manquait, pendant que nous étions nous-mêmes en face de l'ennemi, et que nous en avions le plus grand besoin. Voilà, en peu de mots, dans quelle position déplorable se trouvaient nos intendances. La justice réclame donc que toute la responsabilité du manque d'approvisionnement ne retombe pas entièrement sur elles. Le gouvernement impérial, par son inertie et son imprévoyance, doit en supporter une grande partie.

De plus, il y a deux catégories d'intendants qu'il ne faut pas confondre, et qui ont chacune leurs fonctions distinctes : 1° Les intendants résidant loin de l'armée, dans les grands centres d'approvisionnements, chargés de tenir les magasins aussi bien fournis que possible, et d'expédier aux corps en campagne tout ce qui leur est nécessaire ; 2° les intendants attachés aux différents corps, chargés de recevoir les convois et de les distribuer suivant les nécessités. Ceux-ci doivent réclamer aux premiers ce dont ils ont besoin, en campement et habillement ; et bien souvent, il ne serait pas juste de n'attribuer les retards apportés à satisfaire les demandes faites par les chefs de corps, qu'à ceux dont le rôle n'est qu'intermédiaire entre l'armée et les magasins centraux. Pour qu'en effet, on puisse faire retomber sur eux seuls, la responsabilité de la pénurie dans laquelle l'armée est restée pendant cinq longs mois, il aurait fallu, d'abord, que les intendants placés dans les grands centres s'occupassent activement de compléter leurs fournitures et de ravitailler, dans les plus brefs délais. les corps en campagne, ce qu'ils n'ont pas fait, soit par négligence, soit par impossibilité matérielle.

Si la part de responsabilité des intendants, suivant les armées, est ainsi considérablement diminuée, il n'en est pas moins vrai qu'ils ont, eux aussi, des reproches à s'adresser.

Ils devaient faire parvenir les convois jusqu'aux lieux où se trouvaient les différents corps et présider à leur distribution, service qui n'avait pas toujours la régularité qu'on est en droit d'exiger. Souvent les convois n'arrivaient pas, ou arrivaient à des heures telles, que les hommes étaient obligés de passer une partie de la nuit, dont ils avaient si grand besoin, pour se rendre aux distributions, afin d'y recevoir, soit leurs vivres, soit les choses que les intendances centrales finissaient par pouvoir envoyer. C'est là un vice capital d'organisation dont les Prussiens n'ont jamais ressenti les désastreux effets. Effets qui ne pesaient pas sur l'armée seulement, mais aussi sur les malheureuses populations qui avaient déjà tant à souffrir des fléaux de la guerre ! D'un côté, dans l'incertitude où l'on se trouvait de recevoir des vivres ; de l'autre, dans le besoin urgent de pourvoir à la nourriture des hommes, les chefs de corps se voyaient contraints de réquisitionner toutes les réserves en farine, en viande morte ou vive, que possédaient les malheureux habitants.

Les calamités de la guerre sont déjà bien assez grandes pour que les intendants s'efforcent, autant qu'il est en leur pouvoir, de les alléger pour les populations et les armées.

Aux causes que nous venons de voir, comme entraînant une grande partie des souffrances physiques que l'armée a dû supporter, il faut en ajouter une autre, dont il nous est pénible de faire l'aveu : ce qui se passait dans les corps eux-mêmes.

En premier lieu, tout le monde a pu constater que les hommes, en général, n'avaient pas le moindre soin des choses qui leur étaient données. Si ce ne sont les régiments d'Afrique, dont les soldats sont habitués depuis longtemps à se venir en aide à eux-mêmes, pour réparer les accidents occasionnés, soit par les intempéries des saisons. soit par l'usure, nos malheureux conscrits ignoraient et ne voulaient apprendre l'usage ni d'une brosse, ni du savon, ni d'une aiguille. De sorte qu'à partir du jour où ils endossaient le moindre vêtement, ils le laissaient se détériorer dans la saleté, tomber même dans l'état sordide le plus abject. Qu'en résultait-il? C'est que, jointe à cela la mauvaise qualité des fournitures, ce qui leur était confié ne faisait pas le quart de l'usage auquel on devait s'attendre; puis, la pauvreté des approvisionnements, réunie à la difficulté de les faire parvenir aux troupes, avait pour conséquence forcée de laisser les hommes dans un dénuement presque complet des choses dont l'urgence se faisait constater de plus en plus chaque jour.

En second lieu : l'éloignement presque constant où nous nous trouvions de tout centre d'approvisionnements (on ne doit pas oublier que je ne parle jamais que du 20e corps), la difficulté des transports dans un pays montagneux couvert d'une épaisse couche de neige, et enfin la longueur des opérations que nous exécutions sans cesse; toutes ces causes, dis-je, obligeaient à faire délivrer aux hommes, des provisions de toute nature, pour plusieurs jours. C'est là encore un grand vice de notre organisation, vice dont la Prusse se garde bien. Il est évident, en effet, qu'un homme qui a une série de longues étapes à fournir, est beaucoup trop chargé, lorsqu'à son sac, contenant déjà ses vêtements, ses 90 cartouches, il lui faut ajouter une surcharge de vivres de campagne. Mais, c'était là une exigence de notre situation, à laquelle l'intendance et les généraux ne pouvaient rien.

Par ce qui vient d'être dit, on pressent déjà, et on comprend jusqu'à un certain point, ce qui se passait parmi nos malheureux conscrits. La plupart de ces jeunes gens, sans expérience, habitués chez eux à un confortable relativement très-grand. et, enfin, harassés par les marches précédentes, se résignaient difficilement à supporter ce surcroît de fatigues. Espérant toujours trouver des provisions quelconques en arrivant le soir au village d'étape; vivant, par conséquent, au jour le jour, ils se débarrassaient le plus possible de tout ce qui ne leur paraissait pas indispensable. La viande et le biscuit étaient les premières choses qu'ils abandonnaient sur les routes, ou qu'ils absorbaient dès le premier jour, sans garder de réserve pour les jours suivants. En outre, un certain nombre restait en arrière des colonnes, soit qu'ils fussent à bout de forces, soit que leurs pieds endoloris leur refusassent le service ; ces derniers, par conséquent, n'étaient jamais au moment des distributions pour recevoir leurs rations. Voilà l'énoncé des principales causes pour lesquelles nos infortunés troupiers demeuraient plusieurs jours sans vivres et étaient, par là même, obligés de s'en procurer par des expédients souvent inavouables. Ce qui se passait, du reste, chez les troupiers d'Afrique, vient encore ici confirmer ce que j'avance. De même que le vieux zouave avait soin d'entretenir tout son équipement, autant qu'il le pouvait; de même, habitué aux sables stériles du désert, il conservait précieusement ses vivres. De telle sorte que bien souvent, l'imprévoyant moblot regardait d'un œil d'envie la pyramide de biscuit, surplombant le sac de ce vétéran, et qu'il n'avait comme dernière ressource que d'aller implorer, au poids de l'or, le biscuit qu'il avait dédaigné de porter la veille. On est obligé d'avouer que l'intendance, qui venait de faire une distribution pour plusieurs jours, qui devait prendre ses mesures pour ne la renouveler qu'au bout d'un certain laps de temps seulement, ne peut être rendue responsable, si les hommes ne gardaient pas leurs vivres de réserve.

Après avoir vu ce qui se passait dans l'intendance et dans l'armée, j'en arrive à formuler deux vœux : 1° Exiger désormais des officiers d'intendance, de quelque catégorie qu'ils soient, un service plus régulier, une prévoyance plus grande en temps de paix, de tout ce qui peut être nécessaire à des troupes en campagne ; 2° prendre des dispositions analogues à celles adoptées par la Prusse, afin de décharger, autant que possible, les hommes du lourd fardeau que notre organisation actuelle les oblige à porter, sous peine de se trouver dans la plus grande détresse, au double point de vue des subsistances et des effets d'équipement.

DEUXIÈME PARTIE.

ARMÉE DES VOSGES. — GÉNÉRAL DUPRÉ LA BOURGONCE.

Nous venons d'examiner le plus exactement possible, sans faiblesse ni parti pris, les éléments de résistance que le gouvernement de la Défense nationale a trouvés au lendemain du 4 septembre, qu'il s'est même efforcé d'organiser, autant que faire se pouvait, et enfin qu'il a remis entre les mains de généraux de son choix, pour tenter le magnifique et sublime effort qui a duré jusqu'au 1er février 1871. Lutte acharnée d'un peuple de héros, secouant avec rage le joug qui s'appesantissait sur lui. Voyons maintenant, avec autant de calme, l'usage que ces généraux ont fait de ce qui leur a été confié dans la triple campagne des Vosges, de la Loire et de l'Est ; nous pourrons peut-être, alors, nous prononcer sur leur soi-disant trahison, soi-disant ineptie.

Le premier général appelé à commander le régiment des Deux-Sèvres, fut le général Dupré, dont la brigade était alors en formation à Vierzon. Nous allons esquisser en peu de mots l'historique des quelques jours que nous avons passés sous ses ordres.

La brigade que le général rassemblait, à Vierzon, était à peine réunie, qu'arrive, au milieu de la nuit, une dépêche aussi brève que précise : « Partez, y était-il dit, immédiatement avec vos « troupes pour Épinal, vous mettre sous le comman- « dement du général Cambriels, qui forme une « armée dans les Vosges. » Nous devions donc aller le plus tôt possible rejoindre une armée en formation, et rien de plus. Au général Cambriels à diriger ses troupes comme bon lui semblerait, Dès le lendemain, le premier convoi part à huit heures du matin et se dirige sur Epinal, avec la lenteur que les administrations des chemins de fer ont mise durant toute la campagne, dans l'exécution des transports de troupes. Enfin, le général, parti en tête de sa colonne, arrive le 4 octobre à Épinal, où il compte trouver le général Cambriels. Celui-ci était encore à Belfort, et son arrivée n'était annoncée que pour le lendemain. Se trouvaient seulement à la gare : un colonel de gendarmerie ; un capitaine du génie, devenu depuis le colonel de Varaigne, chef d'état-major du 20e corps ; un capitaine d'artillerie, devenu le colonel Perrin (ces deux derniers officiers étaient de glorieux échappés de Sedan) ; et enfin un Monsieur, représentant son frère, le préfet des Vosges. Tous déjà dans le pays depuis quelque temps, ils avaient organisé la défense des Vosges, en attendant l'armée qui était attendue ; ils connaissaient ou devaient connaître parfaitement les positions occupées par les Prussiens. Ils démontrèrent et persuadèrent au général Dupré, arrivant sans avoir d'instructions et ignorant complètement la position, qu'il fallait avant tout, sans attendre de plus grands renforts, occuper Ràon-l'Étape, reconnu comme étant la clef des Vosges. Raon-l'Étape, en effet, placé sur la ligne ferrée de Nancy à Saint-Dié, pouvait être un centre d'opérations pour agir dans la Meurthe ; de plus, par sa position même, cette petite ville couvre Saint-Dié, Rambervillers, Bruyères, et enfin Épinal. En un mot, on peut dire que l'ennemi ne pouvait rien entreprendre dans cette partie du département des Vosges, sans posséder Raon-l'Étape. Les Prussiens, du reste, s'en étaient déjà emparés une première fois, puis ils en avaient été débusqués par le colonel Perrin, et enfin ils devaient s'efforcer de s'en rendre maîtres au premier jour. Le général Dupré alors, considérant avec raison, qu'en l'absence du général en chef, son premier devoir devait être d'occuper un point stratégique aussi important avant que l'ennemi ne l'occupât définitivement, donna immédiatement des ordres, afin de diriger les troupes sur Bruyères, pour de là gagner à pied le village de la Bourgonce, et enfin Raon-l'Étape, où il fallait arriver à tout prix le plus promptement possible.

On peut dire que notre petite armée, partie de Vierzon, arriva sans coup férir à la Bourgonce, le 5 octobre dans la soirée. Voici quelles étaient les troupes que nous avions en ligne contre les Prussiens, le lendemain, 6 octobre : 32e de marche, 3 bataillons, colonel Hocedé ; régiment des Deux-Sèvres, 3 bataillons, colonel Rouget ; régiment des Vosges, 3 bataillons, colonel Dionnet ; 1 bataillon de la Meurthe, commandant Brissac ; 2 compagnies de francs tireurs, une seule batterie de 4, capitaine Delahaye. Le combat, commencé à 7 heures du matin, ne se termina que le soir à 5 heures, lorsque le général Dupré, qui toute la journée s'était montré partout où il y avait du danger, fut atteint d'une balle qui lui traversa le cou, de la pointe du menton au bas de la nuque, à gauche de la colonne vertébrale ; en même temps, le colonel du 32e de marche fut tué par un obus qui lui enleva un bras et une jambe. Nommons encore en passant Le Bedel, Belot, le chirurgien Moreau, frappé en relevant un blessé ; leurs frères d'armes du régiment des Deux-Sèvres en garderont longtemps le souvenir. Certes, je ne citerai pas toutes les victimes de cette malheureuse journée, dont le résultat fut d'autant plus funeste que, non seulement elle nous fit perdre sans retour un des points stratégiques les plus importants des Vosges, mais qu'elle entraîna l'abandon complet de toute la contrée. L'ennemi a dû le succès de la journée aux renseignements erronés transmis au général par les organisateurs de la Défense nationale dans les Vosges, à la lâche terreur des habitants du pays qui les empêcha de venir prévenir le général Dupré des mouvements opérés par l'ennemi la veille et la nuit précédente même, et enfin aux positions formidables qu'il occupait avec son artillerie, d'où ne purent le déloger des troupes dont la majeure partie recevait là ce qu'on appelle le baptême du feu.

Le général Dupré a entre les mains huit à dix mille conscrits ; par son exemple, il leur fait tenir pendant une journée entière devant des troupes aguerries ; il est, lui-même, blessé grièvement en avant d'une ligne de tirailleurs, qu'il a ramenée vingt fois au feu. Enfin, la nuit arrivant, toute chance de succès est désormais perdue, l'armée se retire sur Bruyères. En un mot, nous sommes vaincus, le général Dupré est blessé : a-t-il trahi? mérite-t-il les injures qui lui sont prodiguées? Au lieu de lui jeter à la face le *vœ victis*, saluons plutôt avec respect le courage malheureux.

RETRAITE DES VOSGES. — GÉNÉRAL CAMBRIELS.

Le lendemain de cette funeste bataille, le général Cambriels, devançant les troupes qu'il amenait avec lui de Belfort, vint se mettre à la tête de notre petite armée. Il nous fait prendre des positions et occuper les rives de la Vologne par les villages de Jussarupt, Herpelmont, Beauménil, Fiménil et autres localités. Nous devions attendre là le reste de l'armée envoyé de Belfort, c'est-à-dire le 3e zouaves de marche, le 7e chasseurs, le régiment du Haut-Rhin et quelques pièces d'artillerie; corps qui nous ont rejoints peu de jours après, entre Remiremont et Lure.

Pendant que nous étions ainsi dans l'impossibilité de ne rien entreprendre, les Prussiens s'emparaient d'Épinal et commençaient un mouvement tournant. Trois corps différents, ayant Remiremont pour objectif, devaient nous envelopper : le premier venant d'Épinal, le second de Saint-Dié, et enfin le troisième, auquel nous avions eu affaire à la Bourgonce, s'emparait de Bruyères, après une action vigoureuse avec les francs tireurs Bretons, mettait en feu les papeteries de Laval et se trouvait par là-même à 7 ou 800 mètres du 3e bataillon des Deux-Sèvres qui occupait Pray. Il était alors neuf heures du soir, et quelques balles pénétraient déjà au milieu du bois où les troupes étaient bivouaquées. Ce fut à ce moment là seulement que le général Cambriels se décida à opérer une retraite que l'auteur des *Impressions et Souvenirs* a qualifiée de « fuite, » mais que des gens expérimentés ne jugent pas de la même façon.

Je ne puis abandonner le sujet de la retraite des Vosges, retraite qui a été extrêmement pénible pour les hommes, sans contrôler d'un peu près tout le passage des *Impressions et Souvenirs* qui y a rapport.

Après avoir indiqué les positions que nous occupions sur les rives de la Vologne, l'auteur s'exprime ainsi (page 33) : « Aussi quel ne fut pas notre « étonnement quand, après trois jours d'attente,

« trois jours de précautions minutieuses, on nous
« fit replier sur la route de Laval pour gagner
« Docelles. Deux heures après notre départ de
« Beauménil, nous a-t-on assuré, une pluie d'obus
« venait tomber sur nos anciennes positions. C'est
« donc qu'on avait été mal gardé, d'autre part,
« puisque l'on était surpris, et que l'ennemi ne
« nous manquait que de deux heures. Enfin, on
« part; on traverse Laval, puis on arrive vers trois
« heures du soir à Docelles, gros bourg situé au
« N.-O. de Remiremont. » .... « Il était environ
« sept heures du matin quand nous arrivâmes à
« Remiremont. Allait-on au moins défendre cette
« ville? Toujours est-il qu'on nous fait prendre
« (*extra muros*) de prétendues positions, qu'on place
« des grand'gardes... » .... « Vers quatre heures
« du soir, l'ennemi arrivait » .... « on partit du
« côté opposé... »

Quand on veut raconter une opération militaire, il est bon de bien rappeler ses souvenirs, afin de n'avancer que des faits dont l'exactitude ne puisse être contestée; puis de consulter de nouveau sa carte, afin de ne pas faire d'erreur géographique du genre de celle qui va être relevée.

La journée dont on vient de voir l'emploi doit être divisée en deux parties bien distinctes :

La première, par une concentration de forces et un changement de position; la seconde, par le commencement de la retraite sur Besançon, dont les causes sont indiquées plus haut.

Le général Cambriels, apprenant la marche de l'ennemi par Saint-Dié, fit replier la 1re brigade, commandée par le colonel Perrin, qui se déployait assez loin sur notre droite, et lui fit occuper les villages de Granges, Jussarupt, Herpelmont, Beauménil, où étaient placés précédemment le bataillon de la Meurthe, le 1er bataillon des Deux-Sèvres, le 3e bataillon du 32e de marche, le 2e bataillon des Deux-Sèvres, pour envoyer ceux-ci à Fiménil, la Neuveville, le Boulay, Docelles.

A l'appui de ce que j'avance, je présente un témoignage dont personne ne peut mettre en doute l'authenticité. C'est un ordre du chef d'état-major général, en date du 10 octobre 1870, et classé sous le numéro 10 du livre d'ordres du régiment des Deux-Sèvres, et dont l'exécution eut lieu le lendemain, jour dont nous parlons :

« Ordre. »

« La première brigade étendra sa gauche jus-« qu'à Herpelmont et Beauménil. »

« La deuxième brigade occupera les villages « compris entre Fiménil et Docelles. »

. . . .

« 10 octobre 1870.

« Par ordre, *le chef d'état-major,*

« Signé : Varaigne. »

Remarquons d'abord que deux heures après le départ du second bataillon des Deux-Sèvres « une pluie d'obus » ne tombait pas sur Beauménil, et que l'ennemi ne nous avait pas manqués que de deux heures, puisqu'une partie de la brigade Perrin, d'après l'ordre du 10 octobre 1870, cité plus haut, occupait ces positions ; et elle ne les a abandonnées qu'à l'heure où le 2e bataillon des Deux-Sèvres quittait Docelles. Il est bon, du reste, de savoir que l'ennemi n'est entré à Beauménil que deux jours après l'évacuation des troupes françaises.

En outre, à la simple inspection de la carte, il n'est pas admissible que le 2e bataillon des Deux-Sèvres soit passé par Laval même pour se rendre de Beauménil à Docelles. Ces deux villages sont, en effet, sur la même rive de la Vologne, et la route qui les relie passe par Fiménil, Pray..., Docelles. On ne doit pas, de plus, oublier que, ce même jour, les Prussiens occupèrent Bruyères et commencèrent à incendier Laval.

Je ne sais, encore, si à Remiremont « vers quatre « heures du soir, l'ennemi arrivait... » quand on « partit du côté opposé. » Mais ce que je puis assurer, c'est qu'un détachement de douze hommes du 7e chasseurs à cheval, commandé par le sous-lieutenant d'Orval, passa la nuit entière fort tranquillement dans la ville et n'en partit que le lendemain à 8 heures, laissant Remiremont parfaitement inoccupé par les Prussiens ; il y avait, en outre, dans cette localité, les bagages et la garde des bagages du 3e régiment de marche de zouaves, qui n'en repartit qu'avec le détachement de chasseurs. Nous n'avions donc fait que continuer notre route sur Besançon, afin que l'ennemi, n'ayant pu nous couper la retraite à Remiremont, n'arrivât avant nous à Lure, et ne mît fin ainsi, dès le début, à une campagne dont chacun connaît les rigueurs.

Enfin, quant aux grand'gardes, chacun sait qu'il est élémentaire, dans l'art militaire, que tout corps en campagne doit toujours se garder quant il séjourne dans un endroit. On aurait, assurément, accusé de trahison le général dont l'incapacité aurait fait surprendre et envelopper un petit corps d'armée par des forces ennemies bien supérieures, si un tel malheur était arrivé.

La retraite des Vosges doit donc être considérée, par quiconque se donne la peine de réfléchir et de s'assurer des forces dont disposait alors le général Cambriels, comme l'une des retraites les plus sages qui aient été faites pendant toute la campagne. Était-il possible de la différer plus longtemps, lorsque l'ennemi menaçait de nous envelopper et que, les renforts attendus n'étant pas arrivés, il nous aurait été bien difficile de supporter l'attaque qu'il nous aurait fallu soutenir le lendemain matin.

Voici, du reste, la façon dont le (1) « brave capi-« taine de vaisseau, le général Aube, » commandant la 1re brigade de la 2e division du 20e corps, juge cette retraite (2) : « La retraite des Vosges, « dit-il, dans les conditions déplorables où elle « s'accomplit, fut un prodige d'habileté de la part « du général qui la commandait, général peut-être « oublié aujourd'hui, mais pour lequel tous ceux « qui l'ont connu éprouvent ce respectueux dé-« vouement qu'inspirent seuls les hommes dignes « de commander. Attaqué par ces journaux, dont « on peut dire, qu'avant comme pendant la guerre, « ils ont désorganisé l'armée et paralysé ses efforts, « le général Cambriels, blessé à Sedan, malade, « et ne se soutenant que par la plus énergique « volonté, se retira devant ces attaques, contre « lesquelles ne sut ou n'osa réellement le défen-« dre, le rhéteur brouillon qui gouvernait alors « la France. Pourtant il ne pouvait se méprendre, « lui, sur la valeur réelle d'une armée au milieu « de laquelle il était accouru pour lui inoculer sa « bouillante ardeur. »

Il est, je crois, inutile de s'arrêter davantage sur la retraite des Vosges, après les explications qui

(1) *Impressions et Souvenirs*, p. 32.
(2) *Revue des Deux-Mondes*, 1er juillet 1871.

viennent d'être données, et le jugement énoncé par un homme dont les idées libérales et essentiellement pratiques ont été appréciées de tous.

COMBAT DE CHATILLON-LE-DUC.

La petite armée des Vosges parvint donc à Besançon, grâce aux prodiges d'habileté accomplis par le général Cambriels. Ce fut dans cette ville que le gouvernement de la défense nationale acheva enfin de composer un corps d'armée qui aurait dû être rassemblé trois semaines plus tôt, afin d'aller au secours de Metz ou tout au moins de tenir dans les Vosges.

Voici quelle fut alors la composition de l'armée du général Cambriels :

Général en chef : Cambriels.
1re division : Général Crouzat.
1re brigade : Général de Polignac.

85e, 2 bataillons.
Loire, 2 bataillons.
Jura, 2 bataillons.

2e brigade : Général Pallu.

16e bataillon de chasseurs à pied.
Haute-Garonne, 3 bataillons.
Saône-et-Loire, 1 bataillon.
13e et 14e batteries du 3e régiment d'artillerie.

2e division : Général Thornton.
1re brigade : Général Aube.

32e, 3 bataillons.
Deux-Sèvres : 3 bataillons.

2e brigade : Général Boisson.

3e zouaves de marche, 2 bataillons.
Haut-Rhin, 2 bataillons.
14e batterie du 8e et 19e batterie du 12e régiment d'artillerie.

Colonne mobile : Colonel Perrin.

Vosges, 3 bataillons.
Corse, 2 bataillons.
Batterie de montagne.

Réserve : Général Seghars.

Légion d'Antibes, 1 bataillon.
Meurthe, 1 bataillon.
18e batterie du 14e et 14e batterie du 10e régiment d'artillerie.

Ce fut pendant que cette armée se formait peu à peu, qu'eut lieu l'affaire de Châtillon le-Duc, le 22 octobre; combat engagé inconsidérément par le colonel Perrin, avec sa colonne mobile, dont la composition est indiquée plus haut, contre des forces prussiennes bien supérieures. Heureusement pour nous, le général Cambriels envoya pour la délivrer le régiment des zouaves et le 2e bataillon des Deux-Sèvres. Ce renfort arriva avec un entrain extraordinaire sur le lieu du combat; en peu d'heures les chances furent complètement revenues de notre côté, grâce au sang-froid et à la bravoure que déployèrent les nouveaux arrivants. Dans la soirée, l'ennemi fut obligé de repasser l'Oignon, et désormais il dut se borner à maintenir ses positions dans la Haute-Saône. Jamais il n'occupa Châtillon-le-Duc.

Cependant le général Cambriels, d'après des rapports secrets, ayant lieu de redouter un retour offensif, deux ou trois jours après fit prendre de bonne heure des positions à la 1re et à la 2e division; cette dernière était alors cantonnée à Saint-

Claude, faubourg de Besançon. On comprend sans peine qu'il a dû être désagréable pour l'auteur des *Impressions et Souvenirs*, comme pour nous tous, d'interrompre son repos par la pluie battante qui tombait alors, mais cela ne devrait pas l'empêcher d'être juste et véridique dans ses narrations.

Voici les dispositions qui furent prises par le général Cambriels. La 1re division couvrit Besançon, appuyant sa droite à la forêt de Marchaud et sa gauche à la route de Besançon à Vesoul ; la 2e division appuya sa droite à la gauche de la 1re division et sa gauche à la route de Besançon à Dôle ; l'artillerie divisionnaire était respectivement placée derrière ces divisions, sur les routes de Besançon à Vesoul, de Besançon à Gray, de Besançon à Dôle, prête à se porter aux points qui seraient attaqués par l'ennemi; enfin, la réserve et son artillerie attendaient à Saint-Claude qu'on eût besoin de leur secours.

Je ne vois pas que jusqu'à présent le général Cambriels ait fait preuve d'incapacité en tout ceci.

L'attaque, que la plus simple prévoyance avait fait redouter, n'arriva pas ; les Prussiens se bornèrent, comme je l'ai dit tout à l'heure, à conserver leurs positions au-delà de l'Oignon. Le général donna, en conséquence, l'ordre de faire cantonner les troupes dans les maisons près desquelles elles se trouvaient. Sans s'être, pour cela, soucié des impatiences d'un officier du régiment des Deux-Sèvres (la 1re brigade occupa les hauteurs des Monts-Boucons). Ce fut alors qu'il ordonna d'aller chercher l'artillerie où elle se trouvait, et qu'il la fit placer sur des positions qu'il indiqua lui-même, ne lui laissant de soutien qu'un bataillon par brigade. Donc, nous n'étions pas (1) « là depuis « 5 heures du matin attendant l'ennemi, peu ou « point protégés, et l'on avait oublié l'artillerie. » — M. de Failly n'avait point eu d'émule, mais il peut se faire que l'auteur des *Impressions et Souvenirs* n'ait point été initié à toutes les dispositions prises par le général Cambriels. Ce n'est assurément pas un motif qui permette d'insulter un (2) « général, peut-être oublié aujourd'hui, mais pour « lequel tous ceux qui l'ont connu éprouvent ce « respectueux dévouement qu'inspirent seuls les « hommes dignes de commander. »

(1) *Impressions et Souvenirs*, p. 32.
(2) Général Aube. *Revue des Deux-Mondes*, 1er juillet 1871.

CAMPAGNE DE LA LOIRE. — GÉNÉRAL CROUZAT.

BATAILLE DE BEAUNE-LA-ROLANDE.

Vers le milieu de novembre, l'armée qui était à Besançon reçut le nom de 20e corps, et, sous le commandement du général Crouzat, rejoignit l'armée de la Loire, d'après les ordres de M. Gambetta. Nous allons suivre le 20e corps dans cette nouvelle campagne, et nous chercherons s'il est possible d'y découvrir des motifs plausibles d'accuser d'incapacité le nouveau général.

La bataille de Beaune-la-Rolande ayant été une

des principales actions engagées par ce corps. nous en laisserons le récit au général Aube, dont la narration offre l'avantage d'une grande clarté, jointe à une autorité que personne ne peut mettre en doute.

Après avoir fait connaître les engagements successifs qui furent les « (1) préliminaires d'une « action décisive » ainsi que les différentes positions que l'armée occupait le 28 novembre, le général Aube continue en ces termes (2) :

« A huit heures du matin le canon de la pre-
« mière division se fait entendre du côté de Batil-
« ly ; le signal de l'attaque générale est donné par
« la batterie de réserve en position sur les hauteurs
« de Saint-Loup-les-Vignes ; les bataillons du
« Haut-Rhin, musique en tête, comme à Fréville.
« le régiment des Deux-Sèvres, au chant de la
« *Marseillaise*, s'élancent sur les pas de leurs colo-
« nels (Dumay, Dolfüs, du Haut-Rhin ; Rouget,
« des Deux-Sèvres) et balaient les Prussiens devant
« eux. Le bataillon de Savoie (commandant Dubois)
« accueilli par une fusillade terrible sur la lisière
« des bois, qui défendent le village au Sud, hésite

(1) Général Aube. *Revue des Deux-Mondes*, 1er juillet 1871.

(2) *Ibid.*

« et recule un moment ; mais bientôt il est ramené
« au feu sous une grêle de balles par le comman-
« dant de la brigade, suivi de tout son état-major ;
« les zouaves du brave général Vivenot débou-
« chent sur la gauche ; ils abordent l'ennemi avec
« leur élan d'autrefois, et sur toute la ligne le
« refoulent sur le village ; les positions extérieures
« sont enlevées, nos batteries prennent position à
« quatre cents mètres, sur la hauteur à laquelle
« aboutit la route de Saint-Loup, et couvrent de
« leurs obus l'église et les grandes maisons qui
« l'entourent, mais sans pouvoir entamer leurs
« fortes murailles ; leurs projectiles, trop faibles,
« sont également impuissants contre les barrica-
« des qui ferment l'entrée de toutes les rues ;
« devant ces barricades, devant les fossés profonds
« qui les entourent, l'élan victorieux de nos trou-
« pes s'arrête brisé. Cependant chaque maison,
« chaque pan de mur, chaque arbre devient un
« point d'attaque, derrière lequel se massent nos
« soldats, prêts à s'élancer par la première brèche
« que leur ouvrira l'artillerie. A un moment, l'in-
« trépide commandant de Verdière, chef d'état-
« major de la 2me division, croit une des rues
« abandonnées par l'ennemi ; faisant franchir par
« un bond énorme, à son cheval, les obstacles qui
« en ferment l'accès, il y pénètre et la parcourt
« dans presque toute sa longueur, sans essuyer un

« coup de feu. Revenant alors sur ses pas, il ap-
« pelle à lui les soldats voisins, zouaves du 3e régi-
« ment, mobiles des Deux-Sèvres, de la Savoie et
« du Haut-Rhin, francs tireurs de Keller, et en
« forme une colonne d'assaut. Soudain, à 20 mè-
« tres du fossé extérieur, une décharge meurtrière,
« véritable ouragan de plomb et de fer, part de
« ces maisons naguère silencieuses et en appa-
« rence abandonnées. Le commandant de Verdière
« échappa comme par miracle ; le colonel Rouget,
« le commandant Dubois ont leurs chevaux tués
« et se retirent avec peine. Tous néanmoins res-
« tent prêts à recommencer leur héroïque tenta-
« tive à ce poste périlleux, où ils reçoivent les
« félicitations du général en chef, accouru de sa
« personne pour seconder leurs efforts. Jusqu'au
« soir la lutte se continue aussi ardente, aussi
« acharnée.

« Ces épisodes de cette sanglante affaire mon-
« trent quelles furent la persévérance, la bravoure
« de nos soldats et de nos officiers. Dans tous les
« corps, partout, ils se montrèrent dignes les uns
« des autres ; et pourtant Beaune-la-Rolande ne
« fut pas occupée par nos troupes, non seulement
« nous n'enlevâmes pas un canon à l'ennemi,
« mais encore, devant les renforts qu'il reçut de
« Pithiviers, et qui à 4 heures faisaient leur appa-
« rition sur le champ de bataille, l'armée française

« recula jusqu'à Bellegarde et à Boiscommun. »

M'appuyant sur un tel document, que l'on peut considérer comme un rapport officiel, par la position qu'occupait l'auteur de ces lignes; me fondant aussi sur mes souvenirs personnels, je vais m'efforcer de relever quelques-unes des erreurs qui me semblent s'être glissées sur ce point dans les *Impressions et Souvenirs*. Je demande au lecteur de vouloir bien continuer à m'accorder son attention et juger lui-même toute l'importance de ces rectifications. Il paraît tout d'abord inexact qu'on « (1) ne tira que 15 ou 20 coups, assez pour prévenir l'ennemi de l'attaque que l'on allait tenter..... » puisque « (2) nos batteries prennent « position à 400 mètres sur la hauteur à laquelle « aboutit la route de Saint-Loup, et couvrent de « leurs obus les grandes maisons qui l'entourent, « mais sans pouvoir entamer leurs fortes mu- « railles. »

Il n'est pas plus juste de dire que « (3) nous « n'avions pas même vu un général de division, » puisqu'à 4 heures, au moment des attaques de la barricade, le colonel Rouget ainsi que le comman-

(1) *Impressions et Souvenirs*, p. 39.

(2) Général Aube. *Revue des Deux-Mondes*, 1er juillet 1871.

(3) *Impressions et Souvenirs*, p. 42.

dant Dubois « (1) reçoivent les félicitations du « général en chef, accouru de sa personne pour « seconder leurs efforts. »

Je dois ajouter ici que le général Crouzat dirigea lui-même la seconde tentative qui fut faite pour enlever une barricade contre laquelle devait échouer tant de bravoure.

De plus, comment accorder ces paroles avec le passage suivant, à l'occasion de l'affaire de Beaune-la-Rolande : « (2) Au même moment passe le général Thornton : En avant, mes amis ! tout le monde en avant ! »

Nous lisons encore : « (3) Le général Aube et le « colonel Rouget purent rallier environ 2,000 « hommes autour d'un groupe de maisons situé « au-dessous de la route de Saint-Loup et séparées « de cette route seulement par un petit bois. Le « général en chef n'ayant donné aucun ordre en « cas de retraite, on hésitait. Enfin, le signal du « départ fut donné vers deux heures de la nuit. »

Il serait bon d'observer que : le général Aube et le colonel Rouget ne purent « rallier environ deux « mille hommes... etc. » Au moment, en effet,

(1) Général Aube. *Revue des Deux-Mondes*, 1er juillet 1871.

(2) *Impressions et Souvenirs*, p. 23.

(3) *Impressions et Souvenirs*, p. 42.

dont il s'agit, le général Aube et le colonel Rouget ne se trouvaient pas ensemble. Le colonel revenait avec ses hommes de l'attaque où il les avait si courageusement conduits; le général Aube, accompagné des débris de bataillons qui l'entouraient, n'effectua sa retraite qu'à 11 heures de la nuit, heure à laquelle, dit-il lui-même, « (1) l'ordre est « donné par le commandant de la brigade de se « mettre en marche dans le plus grand silence, et « de regagner Saint-Loup-les-Vignes par la route « qui relie ce village à Beaune-la-Rolande. » De plus : « Le général en chef n'ayant donné aucun « ordre en cas de retraite, on hésitait. » J'affirme et j'invoque le témoignage de tous les officiers et soldats qui prirent part aux deux assauts dont il a été parlé précédemment, que le général Crouzat, aidé de son état-major, du colonel Rouget et d'un certain nombre d'officiers, rassembla lui-même ses hommes au lieu indiqué plus haut (il était environ 5 heures du soir); puis il ordonna la retraite sur Boiscommun et se mit lui-même à la tête de la colonne. Il laissa même une partie de la 3me division du 20e corps, qui n'avait pas pris part à l'attaque, au point indiqué ci-dessus pour protéger la

(1) Général Aube. *Revue des Deux-Mondes,* 1er juillet 1871, p. 16.

retraite en cas d'événements. Par « un incident « commun à la guerre, » le général Aube a pu ne pas recevoir l'ordre de retraite, mais il n'en est pas moins vrai qu'il a été donné. « Enfin, le signal de « départ fut donné vers deux heures de la nuit. » Ce qui vient d'être dit prouve surabondamment que le temps avait paru bien long à l'auteur des *Impressions*. Le général Crouzat, en effet, faisant effectuer sa retraite à 5 heures du soir environ ; le général Aube, resté le dernier sur le champ de bataille, ordonnant la sienne à 11 heures, il est impossible que le signal du départ n'ait été donné que vers 2 heures de la nuit.

Poursuivant toujours le même article, nous voyons (1) : « Enfin, on arrive à Saint-Loup; les « zouaves y campaient déjà autour de grands « feux ; on traverse le village, on recule toujours « (pourquoi ?) ; on marche toute la nuit, on tra- « verse Bellegarde, on ne s'arrête que dans les « bois où l'on campait deux jours auparavant, à « 5 lieues de Saint-Loup. »

Ici, je demande au lecteur de vouloir bien avoir une carte du Loiret sous les yeux, afin de juger par lui-même la vérité des faits.

Après avoir pris à Boiscommun quelques heures

(1) *Impressions et Souvenirs*, p. 42.

d'un repos dont elles avaient si grand besoin, les troupes qui s'y trouvaient reçurent l'ordre de retourner aux positions qu'elles occupaient le matin du 27. Pour le régiment des Deux-Sèvres, ainsi que pour toute la division, il fallut en conséquence se rendre sur les hauteurs qui s'étendent de Fréville à Quiers. Le général Thornton, commandant la division, suivi du général Aube et de son état-major, du colonel Rouget, et enfin d'un certain nombre d'officiers, se mit à la tête d'un premier détachement et partit à deux heures du matin, afin d'exécuter les ordres reçus. Quant à moi, je me mis en route une demi-heure après avec un second détachement, fort de six à sept cents hommes; parmi les officiers qui faisaient partie de ce convoi, qu'il me suffise de citer les capitaines Ravan, Pouvreau et de Parsay (ce dernier avait reçu la veille une balle dans le bras à l'attaque dirigée par le général Crouzat lui-même contre une barricade). Notre détachement ne passa point par Bellegarde pour arriver à sa destination ; des chemins que nous avions parcourus nous-mêmes le 27, nous y conduisirent directement.

« Enfin, on arrive à Saint-Loup ; les zouaves y « campaient déjà autour de grands feux..... » Le régiment de zouaves faisant partie de notre division et qui s'était si bien conduit toute la journée, se trouvait à Boiscommun et à Quiers, où étaient placées ses positions les jours précédents ; les quelques hommes qui pouvaient s'être arrêtés à Saint-Loup n'étaient que des isolés prenant quelques minutes de repos. La brigade de la 3me division, qui n'avait pas donné à Beaune, occupait seule le village, afin de protéger la retraite de l'armée et de permettre aux restes du 20e corps, mis ainsi en seconde ligne, de se reconstituer et de prendre un repos indispensable après une semblable bataille.

« On marche toute la nuit, on traverse Belle-« garde... » A la simple inspection de la carte, on se demande qu'elle était la nécessité de traverser Bellegarde pour se rendre de Saint-Loup à Quiers et à Fréville. Soit, en effet, qu'un officier du régiment des Deux-Sèvres ait suivi le mouvement général de son corps, qu'il ait par là-même passé par Boiscommun, il n'a pu traverser Bellegarde, puisque la colonne s'est rendue à destination sans descendre jusqu'à cette petite ville pour remonter dans les bois de Quiers et de Fréville; soit encore que, faisant partie d'un autre détachement, cet officier ait laissé Boiscommun sur la droite pour prendre une route plus directe, il lui a fallu alors traverser la contrée que la division occupait depuis le 24, ne pas la reconnaître, arriver à Bellegarde et revenir sur ses pas pour se rendre à Quiers. Franchement, ces deux hypothèses ne peuvent expliquer le passage dans une localité bien en arrière des lignes ; elles sont inadmissibles pour tout corps tant soit peu organisé et conduit ; on ne les comprend que pour les groupes isolés, marchant sans ordres ni direction, qui se trouvent chaque soir d'une bataille.

« (1) On ne s'arrête que dans les bois où l'on « campait deux jours auparavant, à cinq lieues de « Saint-Loup. » Les *Impressions et Souvenirs* nous ont ménagé bien des surprises par leur façon de présenter et d'apprécier les choses ; mais, il faut avouer qu'aucune ne dépasse celle que nous réservait ce peu de mots. On est vraiment tenté de croire que celui qui a écrit une semblable chose ne connait pas les localités où il prétend avoir passé, ou que les émotions et les fatigues de la journée lui ont enlevé toute conscience des distances. Dans ce dernier cas il aurait dû, avant de « fournir des pièces au procès, » s'assurer sur la moindre carte, que ce qu'il avançait pourrait être rectifié par le dernier écolier du village de Bellegarde. De quelque côté qu'il soit passé pour se rendre de Saint-Loup à Quiers, il lui a été impossible de faire plus de 15 à 16 kilomètres, même en passant par Bellegarde.

Le passage que nous venons de parcourir pres-

(1) *Impressions et Souvenirs*, p. 42.

que en entier se termine ainsi (1) : « Il était plus « de quatre heures du matin quant on y arriva : « nous n'avions pas même vu un général de divi- « sion. » Jusqu'ici j'avais cru que le premier soin d'un écrivain prétendant donner « des pièces au « procès » devait être de raconter impartialement les faits dont il a été témoin, et surtout, dans l'intérêt même de sa cause, de n'avancer que des choses vraisemblables.

Or, est-il possible, je le demande à quiconque a un peu l'habitude de la marche, que « le signal du « départ fut donné vers deux heures de la nuit » ..... « qu'on ne s'arrête que dans les bois où l'on « campait deux jours auparavant, à cinq lieues de « Saint-Loup » ..... et « qu'il était plus de quatre « heures du matin quand on y arriva ? » C'est à peine si on peut admettre qu'un homme seul, sous l'impression d'une forte émotion, puisse fournir en deux heures environ, un trajet de cinq lieues, surtout quand on pense que cet homme a pu passer la nuit précédente en grand'garde, qu'il s'est battu toute la journée et une partie de la nuit, qu'il termine par une course échevelée d'une rapidité de 20 kilomètres en deux heures. Si une telle assertion est presqu'incroyable pour un homme seul,

(1) *Impressions et Souvenirs*, p. 42.

à plus forte raison surpasse-t-elle toute vraisemblance quand il s'agit d'un détachement plus ou moins considérable, composé d'hommes dont les forces ne sont pas toutes égales, forces plus ou moins épuisées par les fatigues précédentes.

Si cette dernière phrase « nous n'avions pas « même vu un général de division, » ne s'applique pas, comme on a pu le croire tout d'abord, à la conduite tenue par les généraux (même les généraux de division) pendant la journée de Beaune, on ne peut la considérer comme un reproche, quand il s'agit d'une retraite effectuée de la façon dont la raconte les *Impressions et Souvenirs* (cinq lieues en deux heures !). Tout le monde conviendra que le devoir d'un général n'est pas de suivre les courses désordonnées que peut fournir une certaine catégorie d'hommes, mais bien de rester avec le gros de ses troupes, de les diriger, de leur faire exécuter les ordres supérieurs. Si les généraux agissaient autrement, il ne mériteraient que trop les épithètes de lâches et de traîtres.

A cette occasion, du reste, qu'il me soit permis de relater un épisode de la soirée du 28 novembre. Le général Thornton, commandant la division dont faisait partie le régiment des Deux-Sèvres (2e division, 20e corps), général auquel en particulier semble s'attacher l'accusation de ne s'être pas occupé du sort de ses troupes, reçoit l'ordre, donné par le général Crouzat, d'effectuer la retraite sur Boiscommun. Aussitôt il se met en devoir de le faire parvenir à ceux qui se battaient encore. Quelques instants auparavant, il avait laissé aux premières lignes, occupé par nos hommes, un petit hameau où s'était établie une ambulance provisoire. Il part lui-même, suivi de son état-major, se dirige vers les maisons dans lesquelles il croit trouver encore les quelques braves qui défendaient la position, afin de leur faire exécuter le mouvement ordonné, et de faire transporter les blessés qui pouvaient se trouver en cet endroit. Mais pendant le temps qui s'écoula entre le moment où le général Thornton avait passé et celui où il revint, la nuit avait enveloppé toute la plaine et les Prussiens s'étaient emparés de la position qu'ils occupèrent fortement. Le général, ignorant encore ce qui venait de se passer, arrive donc confiant au milieu des troupes ennemies. Il s'aperçoit alors du danger dans lequel il est tombé; mais, profitant de l'obscurité qui avait failli lui être si funeste, il parvient à s'échapper avant que l'ennemi ne soupçonne l'importante capture qu'il aurait pu faire. Ce n'est qu'en voyant cette retraite précipitée que les Prussiens devinent la vérité, et envoient à ce petit détachement une décharge restée heureusement sans effet. Ainsi, non seulement le général Thornton (de l'aveu même de l'auteur des *Impres-*

sions et Souvenirs, page 23) n'a fait que montrer l'exemple à ses hommes, mais encore il a failli se sacrifier lui-même pour ne pas laisser dans l'oubli une poignée de braves et quelques malheureux blessés.

Que dire de plus? Est-il nécessaire de parler du récit fantaisiste d'un conseil de guerre tenu par le général Crouzat, à la suite de cette journée? conseil qui aurait eu pour résultat de tromper le gouvernement en lui faisant considérer la bataille de Beaune comme une victoire remportée par nos troupes. Pour démontrer la légèreté d'une pareille allégation, nous n'avons qu'à nous rappeler ce qui eut lieu à cette époque. J'emprunte encore ici le travail du général Aube; voici ce que nous y lisons (1) : « Une proclamation de M. Gambetta « annonça bien, il est vrai, que nous avions été « victorieux, et, par une singulière dérision à « l'adresse du 20e corps, qui seul avait porté le « poids de la journée devant Beaune-la-Rolande, « que le 18e corps et son général, avaient en cette « journée bien mérité de la patrie; qu'en conséquence le colonel Billot était confirmé dans son « grade de général. Mais déjà on savait à quoi s'en « tenir sur ces proclamations, et pour nous la dic-

(1) *Revue des Deux-Mondes*, 1er juillet 1871.

« tature de M. Gambetta n'était pas seulement « la « dictature de l'incapacité, » suivant l'expres- « sion de M. Lanfrey, elle était surtout celle du « mensonge officiel. » De plus, le gouvernement ne regarda cette journée comme une victoire que par le seul résultat obtenu sur les mouvements de l'ennemi; résultat qui fut malheureusement anéanti quelques jours après par les combats d'Arthenay et de Toury. Du reste, le délégué du ministre de la guerre, M. Charles de Freycinet, se charge lui-même de nous l'apprendre en publiant la dépêche suivante dans son ouvrage : *La Guerre en Province,* page 131 :

« Guerre à général Crouzat, commandant 20e « corps, et à général Billot, commandant 18e corps, « à Bellegarde. — Faire suivre.

« Extrême urgence. — Copie pour général d'Au- « relles.

« Tours, 29 novembre, 11 heures 3/4 du soir.

« Nous sommes très-satisfaits de votre vigou- « reuse pointe sur Maizières, Juranville, Beaune- « la-Rolande, qui a pleinement atteint notre but, « en arrêtant les mouvements tournants de l'en- « nemi sur le Mans et Vendôme et rappelant ses « forces sur son centre. Il importe, par suite, que « vous vous concentriez de votre côté et que vous

« établissiez une relation plus étroite avec des « Pallières............................... »

Il est bon d'ajouter que seulement (1) « à quatre « heures et demie, le jour du combat de Beaune- « la-Rolande, le 18e corps, vainqueur à Juranville, « déboucha à notre droite, et aux cris mille fois « répétés : En avant ! en avant ! prenait part à « l'action principale. Malheureusement, les feux « de ses bataillons ne furent meurtriers que pour « nos soldats groupés autour des maisons extérieu- « res du village, et trois fois il avait fallu répéter « la sonnerie : Cessez le feu ! pour mettre fin à « cette cruelle méprise ! » Est-il dans la mesure même du vraisemblable qu'un conseil de guerre présidé et dirigé par le général en chef du 20e corps, ait eu pour conséquence de faire considérer comme ayant bien mérité de la patrie, un corps qui n'a pris part à l'action que pour frapper nos malheureux soldats !

D'après tout ce qui vient d'être dit, il est évident, pour tout homme jugeant les choses sans parti pris, que le succès des Prussiens ne doit pas plus être attribué aux dispositions qui ont été prises par le général en chef qu'à la façon dont les troupes se sont comportées pendant tout le cours de

(1) *Revue des Deux-Mondes*, 1er juillet 1871.

cette mémorable journée ; mais bien aux efforts que le génie prussien avait faits pour garder, à tout prix, un point stratégique dont il comprenait toute l'importance. Dans ce but, en effet, les Prussiens, depuis plusieurs jours (1), « en avaient fortifié les approches par des fossés profonds, barri-
« cadé toutes les rues, crénelé les maisons ; ils
« l'avaient, en un mot, transformée, comme tant
« d'autres de nos villes tombées sans coup férir
« dans leurs mains, en une de ces citadelles for-
« midables devant lesquelles nos soldats, luttant
« poitrine nue contre d'invisibles ennemis, ont vu
« tant de fois se briser leur audace. »

Il ne faut pas oublier non plus que le renfort de vingt mille hommes du 3e corps prussien, accompagné d'une nombreuse artillerie, mis en ligne à quatre heures du soir, par le prince Frédéric-Charles, contre nos troupes déjà épuisées par la lutte de la journée, contribua puissamment au résultat de la bataille. Ajoutons à cela la méprise cruelle qui fit que les vingt-cinq mille hommes du 18e corps, loin de nous soutenir, découragèrent les hommes du 20e corps pris ainsi entre deux feux, et nous aurons les véritables motifs d'un tel désastre.

Nous devons enfin considérer comme ayant tou-

(1) *Revue des Deux-Mondes,* 1er juillet 1871, p. 12.

jours paralysé nos efforts et entraîné nos revers, l'incroyable présomption de M. Gambetta, exigeant que les armées ne marchassent que d'après ses ordres, au lieu de laisser pleine et entière liberté aux généraux en qui la France devait placer tout son espoir. Cette présomption, du reste, ne ressort que trop d'une dépêche datée de Tours le 29 novembre, 11 heures 3/4 du soir, dans laquelle M. Gambetta donne, encore de loin, des ordres au général Crouzat, qui était sur les lieux :

(1) « .... Crouzat s'établira entre Chambon, « Moulin de Bezault, Boiscommun, Nibelle, s'ap- « puyant sur les magnifiques positions de la lisière « de la forêt. Billot s'établira vers Bellegarde et « Ladon, donnant la main à Crouzat. Le poste de « Montargis conserverait ses positions et, en cas de « menace sérieuse, rejoindrait le 18e corps. Vous « avez par-dessus tout et comme premier soin, à « vous retrancher dans vos positions. Requérez « hommes et choses pour vos travaux. »

Après des ordres aussi précis et détaillés, enlevant par conséquent toute initiative au général devenu ainsi le simple instrument d'un rhéteur, il paraît presque superflu de relater ici la célèbre dépêche du ministre, datée de Tours le 5 décembre

La Guerre en Province par Charles de Freycinet, p. 132.

1870, dépêche dans laquelle il est dit : « Le gouver-
« nement vous laisse le soin d'exécuter les mouve-
« ments de retraite sur la nécessité desquels vous
« insistez et que vous présentez comme de nature
« à éviter à la Défense nationale un plus grand
« désastre que celui même de l'évacuation d'Orléans.
« En conséquence, *je retire mes ordres* de concentra-
« tion forcée et active à Orléans et dans le périmè-
« tre de vos feux de défense. »

D'accord avec le général Aube, j'ajouterai que cette immixtion de l'avocat, qui gouvernait alors la France, n'eut jamais pour résultat que d'épuiser la force des hommes par des marches et contre-marches incessantes; que de mettre un décousu, un manque d'ensemble incroyable dans toutes les opérations qui ont eu lieu durant la campagne ; que de laisser le 20e corps sans souliers, sans guêtres, sans cartouches, sans sacs, sans effets de campements, malgré les réclamations réitérées des généraux.

Si on en désire une preuve, je la trouve encore dans le compte-rendu fait par le général Aube, d'un conseil de guerre tenu à Nibelle au commencement de décembre, sous la présidence du général Martin des Pallières. Le général Crouzat y parla à peu près dans ces termes (1) : « Le 20e corps, épuisé

(1) *Revue des Deux-Mondes*, 1er juillet 1871.

« autant par ses longues marches et le dénuement « où il a été laissé depuis la retraite des Vosges, « que par l'effort qu'il vient de faire à Beaune-la- « Rolande, a besoin de quelques jours de repos. « Depuis trois mois les hommes ont fait tout ce « que l'on peut exiger de leurs forces physiques « et de leur dévouement; il n'est que temps de « leur donner enfin ce qui leur manque, ce qui « leur a toujours manqué : des souliers à beaucoup « d'entre eux, à tous des guêtres, des cartouchiè- « res, des sacs, si on ne veut pas que, leur moral « fléchissant sous tant d'efforts et tant de priva- « tions, ils se laissent aller à un découragement « trop bien justifié. » — Loin de tenir compte de semblables avis, dictés par une connaissance parfaite des troupes, le gouvernement de la Défense nationale, retira quelques jours après au général Crouzat le commandement de son corps d'armée, pour le confier au général Clinchant; le général disgrâcié fut envoyé à Lyon. A l'avenir, le 20e corps fera partie de l'armée de l'Est, sous les ordres du général Bourbaki.

Est-il besoin de développer l'importance des nombreuses rectifications relatées dans le cours de ce chapitre? Non, évidemment! Chacun se demandera quel peut être le degré de confiance que l'on doit accorder à un écrivain comprenant ainsi l'histoire et la présentant sous d'aussi étranges couleurs. Nous l'avons, du reste, nous-même proclamé en commençant, le gouvernement du 4 septembre entreprit une glorieuse mission en tentant un suprême et patriotique effort ; ce sera son éternel honneur devant la postérité et devant l'histoire. Mais il ne faudrait pas, pour lui façonner une sorte d'apothéose, fouler aux pieds, de parti pris, le dévouement et l'expérience des généraux auxquels était confiée la défense de la patrie.

RETRAITE DE BOURGES.—ARMÉE DE L'EST. — GÉNÉRAL BOURBAKI.

Malgré la dépêche officiellement mensongère aux Préfets, en date de Tours le 6 décembre 1870, où il est dit : « ..... Vous serez strictement dans le « vrai en affirmant que notre armée (armée de la « Loire) est en ce moment en d'excellentes posi- « tions, que le matériel est intact ou renforcé, « qu'elle se dispose à reprendre la lutte contre « l'agresseur, » il n'en est pas moins vrai que les victoires des Prussiens les 28 novembre à Beaune, 2 et 3 décembre à Chileur, la reprise par eux d'Orléans le 5, forcèrent l'armée de la Loire à se scinder en deux parties, dont l'une continua la lutte dans le centre, sous les ordres du général Chanzy, et dont l'autre se replia au-delà de la Loire jusqu'à Bourges. Ce fut alors que se forma l'armée connue désormais sous la dénomination d'armée de l'Est.

Les 18e et 20e corps furent concentrés entre Nevers et Bourges avec une rapidité trop justifiée par la défaite du 15e corps à Salbri, défaite qui permettait à l'ennemi de nous tourner et de nous acculer à la Loire. Cette retraite fut tellement pénible pour cette malheureuse armée que (1) « sur « deux mille six cents hommes du régiment des « Deux-Sèvres, cinq cents répondaient à l'appel « en arrivant à Bourges ; des douze cents hommes « du bataillon de Savoie, cinquante avaient pu « seuls suivre leur énergique commandant, et c'é- « taient là des corps d'élite. La neige, d'ailleurs, « n'avait cessé de tomber pendant cette longue « marche de 24 heures dépensées à franchir les « 54 kilomètres qui séparaient nos bivouacs, près « d'Argent, de nos premiers cantonnements à « Bourges. Malgré la neige, les chemins étaient « couverts de verglas, et ce fut miracle que notre « artillerie put suivre, même au prix de la moitié « de ses chevaux. »

Il ne faut pas passer sous silence un incident

(1) *Revue des Deux-Mondes*, 1er juillet 1871.

dont l'armée eut à peine connaissance à cette époque.

Continuant les errements qui lui avaient si bien réussi sur la Loire, M. Gambetta ordonna impérieusement au général Bourbaki de partir immédiatement avec l'armée qui venait d'arriver à Bourges, afin d'aller secourir Blois et le général Chanzy. Le général en chef, jugeant sainement l'état dans lequel se trouvaient les corps dont il venait de prendre le commandement avec tant d'abnégation, s'y refusa formellement en ces termes : « L'armée ne peut partir, car si je me mettais « en route, j'arriverai peut-être de ma personne, « mais sûrement sans un seul homme et sans un « seul canon. »

Voulant, sans doute, juger la véracité des paroles du général Bourbaki et s'assurer par lui-même s'il ne devait pas dès lors le destituer comme incapable et traître, M. Gambetta se transporta à Bourges. Malheureusement il y vint accompagné d'un commissaire des guerres qui dut (triste souvenir de la première révolution) imposer désormais ses avis à l'expérience du général Bourbaki.

Pour connaître l'importance et l'étendue du pouvoir discrétionnaire conféré au titulaire de cette nouvelle fonction, il suffit de se reporter au décret du 1er octobre 1870, publié à Tours le 12 novembre :

« Art. 4. Les commissaires ne relèvent que du

« ministre de la guerre; ils accompagnent les « troupes au combat. »

Les commissaires ne relevant que du ministre de la guerre, jouissaient d'un pouvoir discrétionnaire sur les généraux en chef; leur mission consistait à faire exécuter ponctuellement les ordres émanant du gouvernement, à surveiller de près les moindres actes de ceux auxquels ils étaient attachés, assurés qu'ils étaient que leurs rapports seraient toujours écoutés favorablement.

REVUE PASSÉE PAR M. GAMBETTA A BOURGES.

Dans un conseil de guerre que M. Gambetta présida à Lyon, vers le milieu de décembre, fut décidé le grand mouvement de l'armée de l'Est sur Belfort. Le commandement des troupes qui se trouvaient entre Bourges et Nevers fut donné au général Bourbaki, et il reçut l'ordre de se diriger immédiatement dans l'Est, afin d'y couper les communications de l'ennemi. En même temps (1)

(1) *Rapport sur la campagne de l'Est*, par M. Juteau, page 37.

« on l'assurait que son armée serait abondamment « pourvue et que des renforts lui seraient promp- « tement envoyés. »

M. Gambetta voulut assister lui-même au commencement du mouvement qui devait porter 130 mille hommes au secours de l'héroïque cité. On doit se rappeler qu'à cette époque le ministre de la guerre prétendit, dans une circulaire, avoir passé en revue les troupes du général Bourbaki au moment de leur départ de Bourges, et que leur moral était excellent. On serait tenté de croire que M. Gambetta s'était placé sur un point donné de la route que les troupes devaient parcourir, entouré d'un nombreux état-major et recevant des acclamations susceptibles de lui faire bien présumer de l'état moral des hommes qu'il voyait saluer ainsi le chef du gouvernement de la Défense nationale.

Voici l'exacte vérité. Le 20e corps, en particulier, venait de la forêt d'Allogny, située à quelques kilomètres en avant de Bourges. Pendant quatre jours consécutifs, la pluie et la neige avaient détrempé le terrain et percé les tentes-abris sous lesquelles les hommes ne pouvaient se garantir de ce surcroît de misères. Aussi était-il vraiment navrant de voir les longues files de malades qui, chaque jour, étaient dirigées vers les hôpitaux ! Il est inutile de dire que le moral des soldats, se ressentant d'un pareil état de choses, était loin d'être satisfaisant. Enfin l'heure du départ a sonné... on traverse Bourges pour aller cantonner dans quelques hameaux, situés au-delà du Polygone. Quant à la revue passée par M. Gambetta, les troupes ne s'en sont pas doutées... Il était installé dans une mansarde d'hôtel, considérant du haut de son observatoire aérien les ravages faits par les campagnes des Vosges et de la Loire, et enfin par ce dernier séjour dans la forêt d'Allogny.

Je ne sache pas que le moindre souverain, que le moindre président de République, que le moindre général ait jamais passé ainsi ses troupes en revue au moment où elles partent pour une expédition dont peut dépendre le salut du pays.

DE BOURGES A DOLE.

Les *Impressions et Souvenirs* sont quelquefois d'une naïveté enfantine ; on ne supposerait jamais qu'un officier, prétendant juger des généraux, puisse s'adresser des demandes du genre de celles-ci (1) : « Et d'abord, pourquoi avoir mis dix jours « et plus, pour opérer ce mouvement (mouvement « de Bourges à Dôle). Pourquoi nous avoir fait « attendre trois jours et trois nuits à Saincaize,

(1) *Impressions et Souvenirs*, p. 44.

« quand les trains séjournaient en gare, quand « d'autres partaient vides ; pourquoi, dans de tel- « les conditions, nous avoir laissés trois jours en- « core à Dôle ? »

Il est parfaitement vrai qu'un voyageur isolé ne met jamais dix jours pour se rendre de Bourges à Dôle, quand ses affaires exigent qu'il aille rapidement de l'un à l'autre de ces points. Mais, il n'est pas besoin d'être versé dans l'art militaire, pour savoir qu'on ne transporte pas aussi facilement plus de cent mille hommes.

Pour se rendre dans l'Est, on fit partir une partie des troupes par les voies rapides dès Bourges même ; l'autre portion de l'armée, c'est-à-dire le 20e corps, ainsi qu'une grande partie du 18e, fut dirigée, par étapes, sur Nevers, où devait s'effectuer son embarquement. On comprend facilement que les soixante mille hommes, environ, dont se composait cette portion des troupes, ainsi que l'artillerie et les convois, ne purent passer par les mêmes routes. Dans les dix jours que l'armée mit à exécuter ce mouvement, il faut donc d'abord prendre le temps qui fut employé à faire franchir à pied, par des voies différentes, les soixante et quelques kilomètres qui séparent Bourges de Nevers.

Si nous sommes restés trois jours et trois nuits à Saincaize, ce fut pour permettre au 18e corps de s'embarquer à Nevers, où il était arrivé avant le 20e corps par une route plus directe.

Quant aux trains vides séjournant à Saincaize, est-il besoin de dire qu'ils attendaient là l'heure de partir pour Nevers, afin d'y être chargés à leur tour.

Le général Bourbaki, assisté toujours de son commissaire, voyant le temps que prenait l'embarquement des troupes installées à Nevers; voyant, de plus, la déplorable situation où se trouvaient les hommes attendant à la gare de Saincaize leur tour de départ, résolut de les diriger sur Decize en suivant à pied la ligne ferrée.

Cette petite ville offrait le double avantage d'être un peu plus rapprochée du but vers lequel on tendait, et de permettre, surtout, de cantonner les infortunés soldats obligés de camper à Saincaize par des froids tels que la Loire était alors couverte, d'une rive à l'autre, d'une épaisse couche de glace. Nous devons donc le remercier d'avoir mis fin ainsi aux souffrances que les rigueurs de la saison nous faisaient endurer.

N'est-il pas enfin superflu d'indiquer le motif pour lequel le régiment des Deux-Sèvres est resté trois jours à Dôle? Chacun comprendra qu'il était nécessaire d'attendre la *concentration complète* de l'armée dans le rayon d'action désigné d'avance, avant de commencer le mouvement agressif qui devait avoir pour résultat l'évacuation de Dijon, de Vesoul, par les Prussiens, les victoires françaises de Villersexel, d'Esprels, du Saulnot, d'Arcey, victoires dont les conséquences devaient être anéanties par les formidables retranchements de Montbéliard et d'Héricourt.

DE DOLE A VILLERSEXEL ET AU SAULNOT.

Sans me permettre de décider en dernier ressort, comme le fait l'auteur des *Impressions et Souvenirs*, si le général « Bourbaki a manqué de vigueur à Villersexel, de science à Héricourt » (1), je vais simplement raconter au lecteur, désireux de connaître les phases de cette dernière période, les faits qui s'accomplirent à cette époque et qui entraînèrent la perte de l'armée de l'Est.

Aux trois corps qui avaient été détachés de l'armée de la Loire pour former celle du général Bour-

(1) *Impressions et Souvenirs*, p. 46.

baki il faut ajouter le 24e corps, parti précédemment de Lyon, qui vint nous rejoindre à notre arrivée dans l'Est. L'armée de l'Est se trouvait donc composée des 15e, 18e, 20e et 24e corps.

Après la bataille de Villersexel (9 janvier 1871), où, comme à Beaune-la-Rolande, le 20e corps eut encore à supporter presque tout le poids de la journée, le général Bourbaki dirigea son armée vers les hauteurs de Montbéliard et d'Héricourt. Le 15e corps devait emporter Montbéliard et tourner Héricourt; le 24e et le 20e corps aborder de front les positions d'Héricourt par Busserel, Vyans, Tavey; le 18e corps tourner Héricourt par la gauche, et aborder par Champey; la division Cremer enfin, arrivant par Lure et se reliant au 18e corps, devait attaquer par Etobon, Chenebier, Chagey. On était obligé d'aller avec précaution, de chasser l'ennemi devant soi de toutes les positions qu'il occupait entre Villersexel et son dernier refuge la ligne d'Héricourt à Montbéliard. Pour cela, il fallait marcher de façon à permettre à chaque corps d'arriver aux positions qui lui étaient assignées, quelle que fût la résistance qu'il pourrait éprouver. Il paraît donc naturel que le 20e corps soit resté trois jours avant de continuer sa marche en avant par le Saulnot, afin de ne se présenter à Héricourt qu'au moment de l'attaque générale.

Que dire des prodiges de valeur que nos soldats

ont accomplis les 9, 13, 14, 15 et 16 janvier ! Personne n'a oublié cette nuit terrible, pendant laquelle nos hommes, éclairés seulement par les incendies, consumant Villersexel et son splendide château, délogèrent, à la baïonnette, les Prussiens de toutes les maisons converties en véritables citadelles qu'ils n'abandonnèrent qu'une à une. Parmi les troupes qui se distinguèrent dans cette lutte corps à corps, où l'homme s'enivre littéralement de l'odeur de la poudre et du sang qui jaillit sous ses coups meurtriers, les zouaves du 3e régiment de marche doivent être signalés à l'admiration de tous. Comme à Beaune-la-Rolande, ils furent véritablement dignes de leurs frères du 3e zouaves régulier ; ce sont là deux journées qui n'ont rien à envier aux fastes déjà si glorieux de leur corps.

La journée du 13 janvier, au Saulnot, ne fut pas moins honorable pour le 25e bataillon de marche de chasseurs à pied, pour le régiment des Deux-Sèvres et pour le bataillon de la Savoie. Eux seuls repoussèrent l'ennemi en ce jour ; les zouaves et le régiment du Haut-Rhin, placés en réserve, n'eurent qu'à admirer l'élan avec lequel leurs émules de la première brigade délogèrent les Prussiens de toutes les positions qu'ils occupaient.

HERICOURT.

—

On peut dire, hélas ! qu'au Saulnot s'arrête le cours de nos succès; le lendemain, en effet, tant de courage devait venir se briser devant Héricourt. En vain la première partie de la journée fut-elle une marche triomphale balayant les Prussiens devant elle, de Coiseveaux, de Byans, de Vyans, de Tavey. Il fallut s'arrêter devant la formidable artillerie ennemie, placée sur des positions telles que la nôtre ne put l'obliger à éteindre ses feux. Alors commença un duel terrible d'artillerie qui devait continuer encore les deux jours suivants sans amener de résultats bien positifs ni d'un côté ni de l'autre. L'infanterie ennemie ne fit plus que se tenir dans une prudente défensive, abritée qu'elle était par les formidables retranchements derrière lesquels « (1) quand nos pauvres fantas-« sins voulurent, avec leur intrépidité ordinaire, « enlever ces montagnes à la baïonnette, ils tom-« bèrent dans les fossés creusés sur toute la pente, « et couverts de branches dissimulées par la neige ; « en s'engageant sans défiance, on tombait, on « était fusillé à bout portant : de sorte que toutes « nos attaques, si désastreuses pour nous, et en « particulier pour le 14e chasseurs à pied (2) et les « zouaves, échouèrent sans pertes pour l'ennemi. »

De plus, les forces physiques des hommes décrurent rapidement, usées qu'elles étaient par le manque de sommeil, résultat inévitable d'une lutte n'ayant d'interruption ni jour ni nuit. Les 20 degrés de froid qui existaient à cette époque, la terre couverte d'une épaisse couche de neige sur laquelle le pauvre soldat était obligé de reposer ses membres endoloris ; enfin, le manque absolu

(1) *Impressions et Souvenirs*, p. 45.

(2) Ce n'était pas le 14e bataillon régulier de chasseurs à pied, mais bien le 25e bataillon de marche, formé, il est vrai, pour les hommes du 14e bataillon régulier.

de vivres dans lequel l'armée est restée pendant des jours où une nourriture abondante aurait été si nécessaire pour soutenir les forces de tous, venaient encore abattre le courage des plus intrépides. Toutes ces causes, dis-je, indépendantes du général en chef, rendaient la position de plus en plus difficile, et auraient pu à elles seules déterminer la retraite qui fut exécutée le 17 janvier.

Mais là n'étaient pas seulement les motifs qui firent complètement échouer le plan dont l'exécution était confiée au général Bourbaki. — Je vais reprendre les choses d'un peu plus haut afin de bien faire comprendre les causes de la retraite d'Héricourt et de l'entrée en Suisse. M'appuyant encore ici sur un témoignage dont on ne peut nier l'impartialité, nous allons parcourir quelques extraits du *Rapport sur la campagne de l'Est,* par M. Juteau, chargé par le Gouvernement d'une mission dans l'Est.

« Après l'abandon, dit-il, de la ville de Besan-
« çon par l'armée des Vosges, les Prussiens,
« sous le commandement du général Werder,
« avaient successivement occupé Lure, Vesoul,
« Gray, Dijon ; ils avaient même, comme je l'ai
« dit plus haut, livré bataille jusque sur les co-
« teaux de Nuits. Mais à l'approche de l'armée de
« Bourbaki, ils évacuent précipitamment toute la
« Bourgogne et une partie de la Haute-Saône,

« poursuivis et harcelés par les Francs-tireurs.

« Le général Garibaldi est chargé d'occuper et « de défendre Dijon, protégé à cet effet par des « fortifications passagères.

« Une dépêche prussienne, du 1er janvier 1871, « signale la marche du général Bourbaki vers « l'Est ; on y voit l'intention d'opérer contre Wer- « der, pour couper l'armée qui assiége Paris de « communications avec l'Allemagne et pour faire « lever le siége de Belfort, qui est la clef de ses « communications. »

« Le général allemand, voyant plusieurs points « menacés, opère rapidement des concentrations « sérieuses. Il comprend que si l'armée française « parvient à couper les lignes de communications « des Prussiens sur les Vosges, le ravitaillement « des corps allemands autour de Paris et dans le « reste de la France deviendrait impossible ; « qu'une bataille gagnée aurait assurément pour « conséquence, de forcer les armées Prussiennes « à interrompre leurs opérations contre Paris et « contre le Nord-Ouest. Il établit son quartier-gé- « néral à Rougemont, et de là il demande instam- « ment des renforts ; de grands mouvements de « troupes ont lieu en Alsace ; un corps considé-

(1) *Rapport sur la campagne de l'Est*, par Juteau, p. 40.

« rable se porte sur Belfort et plus avant encore, « pour soutenir les forces relativement faibles du « général Werder ; des détachements du 7e corps « marchent par Langres à son secours. De nom- « breuses colonnes s'échelonnent aussi sur la rive « droite du haut Doubs, prennent position entre « Exincourt, Delle, Croix et Blamont, d'où elles « peuvent forcer les défilés du Lomont, tourner « notre armée de la Suisse et lui couper la re- « traite. »

M. Juteau ayant prévenu M. le Ministre de la guerre de tous ces mouvements par une lettre du 4 janvier, ajoute (1) :

« Une sage prévoyance prescrivait donc à la dé- « légation de Bordeaux de nouvelles dispositions à « faire immédiatement ; d'abord veiller avec la plus « grande sollicitude aux approvisionnements et « aux munitions de l'armée ; puis, au Nord-Est gar- « nir le plateau de Blamont de canons, occuper « fortement les défilés de Lomont, en faire autant « au Sud-Ouest, dans l'isthme située entre la vallée « de la Loire et la forêt de Chaux, d'où les troupes « pouvaient même couvrir Dôle ; ensuite organiser « promptement à Besançon une nouvelle division « avec les volontaires des Vosges et de l'Alsace,

(1) *Rapport sur la Campagne de l'Est*, par M. Juteau.

« qu'on laissait inactifs à Lyon ; enfin mettre Be-« sançon en état de résister à un coup de main. »

« Mais telle était l'illusion de M. le Ministre (1), « telle était sa confiance dans ces troupes improvi-« sées que, ne doutant pas du succès, il dédaigna « de faire entrer dans ces desseins ces éléments si « nécessaires cependant à leur réalisation et à la « sécurité de l'armée en cas de revers. »

Après nous avoir raconté les différents combats qui conduisirent l'armée du général Bourbaki sous Héricourt et Montbéliard, après nous avoir fait assister aux différents engagements qui eurent lieu les 15, 16 et 17 janvier, ainsi qu'aux souffrances qu'endurait l'armée, l'honorable délégué du gouvernement près M. Ordinaire, préfet du Doubs, continue en ces termes (2) :

« Une longue observation des positions ennemies « ne fit que convaincre le général Bourbaki de la « nécessité de battre en retraite, quelque répu-« gnance qu'il y eût, car il était impossible de « continuer. Il n'abandonna cependant le terrain « que lorsque les soldats, exténués, succombaient « aux maladies et qu'il connut les mouvements « opérés dans le Sud-Ouest par les Prussiens, pour

(1) *Rapport sur la campagne de l'Est*, par M. Juteau, page 46.

(2) *Ibid.* p. 53.

« lui couper ses communications avec Lyon. Bour-
« baki dut se replier promptement sur Besançon.»

Voici, du reste, toujours d'après le même auteur, les faits dont le général avait été instruit et qui l'avaient décidé à précipiter sa retraite :

« Dès le 15 janvier (1), on signalait des mouve-
« ments considérables de troupes ennemies du Sud-
« Ouest vers l'Est; plus de 50,000 hommes avaient
« traversé Montbart. Des files interminables de
« canons, de caissons, chariots et voitures, évalués
« à plus de 1500, encombraient la route, souvent
« abandonnée pour suivre des chemins de traverse.
« On disait qu'une armée allemande arrivait de
« Châtillon-sur-Seine, par Grancey, Is-sur-Tile,
« pour se diriger sur les derrières de l'armée de
« Bourbaki. »

« En effet, à partir du 19 janvier, de forts déta-
« chements se montrent à la fois ou successivement
« sur toutes les routes qui aboutissent à Dijon,
« avançant et reculant, se repliant un jour vers le
« Nord, se retrouvant, le lendemain, à quelques
« kilomètres de la ville. Craignant un assaut pour
« cette place, le général Garibaldi les repousse en
« leur livrant, le 20 et le 22, des combats sanglants,

(1) *Rapport sur la Campagne de l'Est*, par M. Juteau, page 58.

« où ses soldats obtiennent des avantages marqués.
« Mais le général n'avait pas compris que les détachements, qui semblaient menacer Dijon, n'étaient qu'une forte avant-garde, occupant les environs, pour masquer le corps principal d'armée qui, défilant le long de la ville, marchait sur Dôle dont il s'emparait le 22 janvier. Je dois rendre ce témoignage aux habitants de cette ville que les gardes nationaux ont combattu héroïquement pendant trois heures ; l'hôtel de la *Ville de Lyon* a été le théâtre d'une lutte acharnée, et la ville a été bombardée. »

« Il est nécessaire de donner des explications sur la présence inattendue de l'ennemi qui venait tout-à-coup surprendre le général Garibaldi et envahir la vallée de la Saône. »

« Dès que les Prussiens furent instruits des mouvements subits de nos troupes échelonnées entre Bourges et Nevers et de leur destination, ils s'empressèrent de réunir, sous le commandement de Manteuffel, appelé en toute hâte du Nord, une armée, pour aller dans l'Est au secours de Werder, qui ne disposait alors que de 35,000 hommes. »

« Cette armée était composée du 7e corps, rendu libre par la capitulation de Metz et de Mézières, du 2e, détaché de ceux qui assiégeaient Paris, d'un corps de landwer, en tout 70,000 hommes. »

« L'expédition était hardie et pleine de périls, « car, si Bourbaki, qui avait une avance de plus « de six jours sur Manteuffel, écrasait Werder dans « cet intervalle, les Prussiens se trouvaient pris « entre son armée victorieuse et celle de Garibaldi, « et les chances de la guerre pouvaient tourner « complètement à notre avantage. »

« Mais la fatalité voulut que l'Intendance n'eût « pris aucune des précautions les plus vulgaires « pour hâter la marche de Bourbaki et amener à son « armée les munitions, les ravitaillements et les « ambulances nécessaires. Cette négligence de « l'Intendance causa à l'armée de l'Est un retard « de plus de 5 jours, dont le général de Werder sut « habilement profiter ; après avoir rallié toutes ses « troupes, il se retrancha entre Montbéliard et Hé- « ricourt, qu'il eut le temps de fortifier, de manière « à rendre infructueux tous les efforts de Bourbaki, « pendant les journées des 15, 16 et 17 janvier. »

« Si, d'un côté, l'intervention tardive de Man- « teuffel n'avait été d'aucune utilité à Werder, « pour repousser les attaques du général Bourbaki, « de l'autre, elle menaçait alors du plus complet « désastre cette armée de l'Est, qui devait porter la « peine de *l'imprévoyance vraiment incomparable*, « *avec laquelle la délégation de Bordeaux avait aban-* « *donné ses lignes de retraite à l'ennemi*. Maître de « Dôle, Manteuffel pousse rapidement ses colonnes

« sur Mont-sous-Vaudray, Byans, Arbois et Mou-
« chard; 12,000 Prussiens occupent ce dernier point « et brûlent la gare du chemin de fer qui conduit « de Besançon à Lyon, par Lons-le-Saulnier. »

« Le 24 janvier 1871, 5 jours avant l'armistice, il « ne restait plus à l'armée de Bourbaki qu'une « seule voie ouverte, celle de Pontarlier, à travers « les montagnes du Jura; et, dans ce cas encore, « elle était menacée sur le flanc par Manteuffel; « situation d'autant plus critique, qu'elle était hors « d'état de résister à une attaque, et pour elle, l'u- « nique moyen de salut, c'était de se jeter immé- « diatement en Suisse ! »

« Tel était l'état désespéré de notre armée, qui « allait être enveloppée, serrée comme dans un « cercle de fer. Le général Bourbaki en fut vive- « ment affecté, d'autant plus qu'il avait reçu de « Bordeaux une dépêche télégraphique où on l'ac- « cusait de lenteur et où l'on donnait presque à « entendre qu'il préparait un nouveau désastre « pour l'armée considérable placée sous ses ordres. « Lui qui était venu si loyalement offrir son épée « au gouvernement de la Défense nationale, lui, « suspect ! compromis peut-être dans l'opinion de « ses concitoyens !..... »

« Cette pensée, jointe au sentiment de la respon- « sabilité qu'il avait assumée, blessa son noble « cœur ; il eut un moment de défaillance ; mais la

« main de Dieu fit dévier la sienne, et conserva à « la France ce général si brave, si courageux et si « dévoué à sa patrie. »

Voilà donc de quelle façon sont racontées les causes déterminantes de la retraite du général Bourbaki, par un auteur dont la position, vis-à-vis du gouvernement, était une position entièrement de confiance. Que m'importe après cela que Garibaldi soit (1) « un pauvre héros, vieux, riche « de gloire, abattu par les souffrances ; » qu'il ait paru (2) « faible, malade, affaissé » à ceux qui vont implorer le secours de l'étranger pour sauver la France, ce que je sais, c'est que celui qui, disait-on alors, pouvait seul nous délivrer de l'étranger, ne put tenir à Dijon une première fois, à la fin de novembre ; qu'il resta un mois à Autun dans la plus coupable inaction ; que revenu enfin à Dijon délivré par Cremer, il n'a pas compris que les détachements qui semblaient menacer cette ville ne devaient servir qu'à masquer le corps d'armée principal, marchant sur Dôle, Arbois et Mouchard, coupant ainsi toute retraite à l'armée de l'Est. Que Garibaldi par son inaction, que le gouvernement de la Défense nationale par l'imprévoyance

(1) *Impressions et Souvenirs.*
(2) *Ibid.*

avec laquelle il a abandonné les lignes de retraite à l'ennemi, soient donc responsables, devant la postérité, du désastre dont l'armée de l'Est et le général Bourbaki devaient, quelques jours plus tard, supporter les effets désastreux.

RETRAITE EN SUISSE. — GÉNÉRAL CLINCHANT. — CHAFFOIS.

Nous touchons au terme de la lutte désespérée que la France soutenait encore contre la Prusse victorieuse. Je ne dirai que peu de mots sur cette triste retraite effectuée dans de si douloureuses circonstances.

Ce fut à Besançon, après la tentative de suicide du général Bourbaki, « ce noble cœur qui crut « devoir payer de sa vie d'avoir été vaincu par les « éléments et les circonstances, » que le général Clinchant reçut et accepta, avec une abnégation dont on doit lui savoir gré, la triste mission d'empêcher l'armée de l'Est de tomber au pouvoir de la Prusse.

Je ne ferai qu'ajouter quelques détails supplémentaires au récit de cette retraite, que je fis alors à ma mère dans une lettre datée de Grandson, le 3 février, lettre que publia la *Revue de l'Ouest* dans son numéro du 14 février. « .... entourés pres-
« que de tous côtés par les Prussiens, nous avons
« fait notre retraite sur Besançon.

« Jusque là il n'y-avait pas trop de mal ; mais il
« y avait à peine 48 heures que nous étions rendus,
« que les Prussiens, arrivant par Dôle, Lure, Mont-
« béliard, nous forcèrent à nous retirer du côté de
« Pontarlier, afin de nous glisser le long de la fron-
« tière sur Lyon, par Saint-Claude, etc.

« Là encore, à travers les montagnes couvertes
« d'une couche de neige de 50 à 60 centimètres
« dans les endroits les moins mauvais, les Prussiens
« ont marché plus vite que nous. Ils sont arrivés
« par Levier, la Chapelle d'Huin et Pram, quand
« nous arrivions par Ornans, Chantrans et Sept-
« Fontaines, au milieu de montagnes abruptes.

« Enfin, le 28 janvier, nous sommes à Somba-
« court, à Chaffois, à Banans et à Bulle. Deux
« heures après notre arrivée à Chaffois, ils nous
« attaquent par surprise, à la faveur de la nuit et
« d'un brouillard d'une intensité telle qu'on ne
« voyait pas à dix pas.

« Les mobiles des Deux-Sèvres prennent les « armes en toute hâte, ils soutiennent vigoureuse- « ment l'attaque à l'entrée du village, jusqu'au « moment où la dépêche annonçant l'armistice « arrive.

« Le général Thornton fait immédiatement cesser « le feu et envoie un parlementaire. Les Prussiens « profitent de cet instant pour envahir le village et « désarmer nos hommes qui ne se défendent plus. « Enfin le général prussien, connaissant l'armis- « tice, promet que le lendemain les armes seront « rendues. Honte ! infamie à la Prusse ! Le 29 jan- « vier à 4 heures du soir, les Prussiens nous aver- « tissent que nous devons évacuer nos positions « sous une demi-heure, et qu'ils allaient nous atta- « quer.

« Les armes ne sont point rendues. Stupeur « parmi nous ; impossibilité de résister. Croyant « encore à l'armistice et à un malentendu, nous « nous retirons sur Pontarlier par Banans, Sainte- « Colombe, etc., et enfin nous arrivons sur le bord « du lac de Saint-Point, jusqu'à Vézenay. Là, atta- « que et refoulement de tous les côtés par Pontar- « lier, Vaux, les Granges, Sainte-Marthe, l'Aber- « gement, Saint-Antoine! Nous passons aux Fourgs, « poursuivis par la canonnade et la fusillade ; la « rage dans le cœur, pleurant comme des enfants, « jurant vengeance, nous franchissons la frontière

« par la route de Sainte-Croix à 8 heures du soir.

« Quel spectacle que cette armée déposant ses « armes à la frontière entre les mains des autorités « suisses !!... C'est à en devenir fou de douleur ! « Vengeance ! Vengeance ! A bientôt la revanche ! « C'est notre cri à tous.

« Si la Prusse croit nous avoir anéantis, elle se « trompe ; nous renaîtrons de nos cendres, et alors, « poussant le même cri qu'elle, nous dirons : « Malheur aux vaincus ! »

Toute route de France nous étant ainsi coupée, était-il possible de tenter une trouée ? Voilà la seule question qu'il soit possible de s'adresser. Je ne me permettrai pas de juger si l'armée était encore capable de tenter ce dernier effort ; mais ce que je puis affirmer, c'est que les fatigues, résultat inévitable de plusieurs jours de marche à travers des montagnes couvertes de neige, c'est que le manque de vivres, le froid, les maladies de toutes sortes avaient complètement épuisé l'armée de l'Est. Il faut ajouter à cet accablement complet des forces physiques, une cause qui acheva de décourager ceux que soutenait encore leur force de volonté ; l'armistice existant pour toute la France, excepté pour l'armée de l'Est. Quelle énergie voulez-vous que puissent conserver des hommes se croyant abandonnés par leur pays ? « A quoi bon « se battre encore, disaient-ils, quand l'armistice

« est signé, que la paix va nécessairement avoir « lieu, et qu'il ne nous est plus possible de lutter « avec un ennemi dont toutes les forces peuvent « désormais être concentrées sur nous. » Je n'hésite pas à dire que cette exclusion de l'armée de l'Est, dans les conditions où elle se trouvait, a été plus funeste au moral de l'armée que ne l'aurait été un combat, si désastreux qu'il eût pu être.

C'est ici le lieu de montrer une fois de plus, jusqu'à quel point l'auteur des *Impressions et Souvenirs*, aveuglé peut-être par l'esprit de parti, cède aisément à la tendance d'altérer la rigoureuse exactitude des faits.

Le 1er février, la première brigade de la 2e division du 20e corps, dont une partie, on doit se le rappeler, avait été désarmée à Chaffois par les Prussiens, et mise par là même dans l'impossibilité de se défendre, se trouvait réunie au village de la Cluze, situé sous les feux des forts de Joux ; la 2e brigade de la même division, composée du 3e zouaves de marche et du régiment du Haut-Rhin, occupait les villages de Cernois, de Montperreux et de la Chapelle-Mijou. De tous côtés nous étions cernés par l'ennemi, qui ne nous laissait comme dernière ressource que la route de Suisse, soit par les Verrières, soit par les Fourgs. Ce fut alors que le général Thornton, jugeant la position désespérée, exécutant du reste les ordres supérieurs, donna l'ordre d'entrer en Suisse. Il vint trouver les officiers du régiment des Deux-Sèvres et du 25e bataillon de marche de chasseurs à pied. Là eut lieu une scène touchante dont la noblesse a complètement échappé à l'auteur des *Impressions et Souvenirs.*

Le général Thornton, celui qui avait gagné ses épaulettes de colonel sur les champs de bataille de Crimée et d'Italie, celui qui était parvenu à soustraire à la capitulation de Sédan tout le 7e chasseurs à cheval dont il était alors colonel, celui enfin que nous avons vu à Beaune-la-Rolande entraînant au feu sa vaillante division, et le soir même s'exposant à être fait prisonnier pour sauver quelques blessés ; ce même général, dis-je, fit ses adieux en termes expressifs aux officiers d'une des brigades qui était sous ses ordres depuis le commencement de la retraite des Vosges ; il les remercia en leur exposant qu'il n'y avait plus rien à faire pour eux, dont les hommes étaient sans armes, qu'en conséquence ils n'avaient qu'à partir immédiatement avec l'artillerie et les convois. « Et « vous, mon général? dit alors le colonel Rouget. « — Moi, je reste pour mourir, s'il le faut, avec la « 2e brigade, chargée de protéger jusqu'à la fin la « retraite du 20e corps. — Eh bien, mon général, « si vous restez, je resterai avec vous. — Conduisez « d'abord les Deux-Sèvres et les chasseurs à pied à « la frontière, vous pourrez revenir ensuite. » La brigade ainsi composée, partit immédiatement.

Le général Thornton resta avec le bataillon de Savoie, le régiment du Haut-Rhin et les zouaves ; ces deux derniers corps vinrent remplacer au village de la Cluze le régiment des Deux-Sèvres et le 25e bataillon de marche de chasseurs à pied.

Quelques heures après seulement, la 2e brigade, augmentée ainsi du bataillon de Savoie, reçut l'ordre de partir. Le général Thornton se mit alors en tête de ce dernier détachement, de ce qui avait été la 2e division du 20e corps, et il l'accompagna jusqu'en Suisse.

Voilà la vérité dans toute sa simplicité. Du reste, l'auteur des *Impressions et Souvenirs* ne nie pas n'avoir été dépassé par « (1) le brillant état-major du général Thornton » qu'après avoir lui-même « (2) salué le drapeau de la Confédération. » Or, il faut que l'on sache que ce *brillant Etat-Major* se composait : du colonel Rouget, qui n'avait pas oublié la parole donnée au village de la Cluze, du commandant de Godefroy-Ménilglaise, détaché à l'état-major depuis le 10 janvier, du lieutenant d'état-major Garnier et de deux Anglais volontaires depuis le commencement de la campagne. Dans tous les cas, si cette petite troupe était brillante, c'était

(1) *Impressions et Souvenirs*, p. 121.
(2) *Ibid.*

par le courage et les services rendus; les tristes circonstances disent seules que ce n'était pas par l'éclat des uniformes.

Dans ce dernier épisode encore, le général Thornton resta donc ce qu'il a toujours été, accomplissant son devoir jusqu'à la fin, n'hésitant jamais à s'exposer à la mort pour accomplir les devoirs que l'honneur lui impose.

Si j'ai cru devoir, cette fois encore, contredire les allégations reproduites dans les *Impressions et Souvenirs* concernant le général Thornton, c'est que j'ai cru de mon devoir de rendre un éclatant et sincère hommage au brave général dont la conduite, dans la circonstance que je viens de signaler, est au-dessus de tout éloge et a remporté, comme elle le méritait, l'approbation de tous. Là encore, l'inexactitude des *Impressions et Souvenirs* est flagrante; et, qu'il nous soit permis de le dire, dans le cas dont il s'agit, elle est profondément regrettable.

LA SUISSE.

Il ne me reste plus qu'un mot à dire, mais il m'est inspiré par la reconnaissance que tous les soldats, de ce qui fut l'armée de l'Est, ont vouée au peuple qui les accueillit dans leur désastre : la lettre, adressée à ma mère, dont j'ai déjà cité un extrait, se termine ainsi : « Dans notre malheur, « ma bonne et tendre mère, Dieu a eu pitié de nous ; « il nous a remis entre les mains d'une nation plus « française que beaucoup de français ; d'une nation « dont la noble et large hospitalité est pour nous un

« baume consolateur. Il est impossible d'imaginer « avec quelle affection, avec quelle sympathie pour « le malheur, nous avons été reçus en Suisse, « officiers et soldats. Gloire à la Suisse!... Recon- « naissance éternelle à la Suisse, pour la façon dont « elle reçoit et secourt les soldats français! Qu'à « jamais la France et la Suisse ne fassent plus « qu'une seule nation par le cœur! »

Ces lignes, tracées quand j'étais encore sous le coup des profondes émotions que nous venions d'éprouver depuis si peu de temps, ne sont encore aujourd'hui que l'expression affaiblie des sentiments de gratitude que j'éprouve pour ce noble pays. Qui peut se défendre d'émotions lorsqu'il reporte ses souvenirs vers la Suisse!

Qui n'a vu ces chaudières pleines de vivres, que le riche et le pauvre se faisaient un devoir d'entretenir, afin d'apaiser la faim dévorante qui rongeait le malheureux soldat français; qui n'a vu avec quelle touchante sollicitude les plus pauvres artisans comme les plus riches manufacturiers réclamaient des soldats français afin de les consoler, de les réchauffer et de les nourrir; qui n'a vu avec quelles attentions délicates leurs plaies morales et physiques étaient soignées et allégées par ces tendres mères; qui n'a été témoin, dis-je, de toutes ces choses, peut à peine comprendre à quel point le soldat français doit aimer la Suisse. Dans chaque chalet, dans chaque chaumière se trouvaient des cœurs compatissants, battant à l'unisson de celui du pauvre exilé !.... Il aurait presque oublié, que derrière les cîmes du Jura, il avait une mère, il avait des parents affligés, celui qui dans cette nouvelle patrie trouvait une autre famille, d'autres amis dont la tendre et respectueuse affection ne savait comment se prodiguer.

Je ne puis que dire en terminant, que les quatre-vingt-dix mille hommes qui ont été internés en Suisse sont maintenant autant d'amis dévoués acquis à la Confédération ; ils n'oublieront jamais que, dédaignant les haines prussiennes, la Suisse les a accueillis et protégés, quand tout semblait devoir les abandonner à la brutale captivité allemande. Désormais, une alliance indissoluble, basée sur le plus noble sentiment humain, la reconnaissance, existera à jamais entre la France et la Suisse.

CONCLUSION.

Nous venons de parcourir rapidement dans ce petit opuscule, une des grandes pages que l'histoire de la guerre de 1870-1871 laisse désormais aux méditations des législateurs et des philosophes contemporains. Sans rien vouloir préjuger, nous pouvons dès à présent soumettre à l'appréciation du lecteur les quelques réflexions générales suivantes:

Nous l'avons dit en commençant, notre but a été de faire loyalement et simplement le récit des faits qui durant cinq longs mois se sont déroulés sous nos yeux. Souvent nous nous sommes trouvé en désaccord manifeste avec l'auteur qui nous avait précédé dans cette voie. Partout nous nous sommes efforcé de nous appuyer sur les témoignages les plus élevés, les plus compétents, les plus impartiaux : les généraux Trochu, Chanzy, Aube, le baron Stoffel, etc., etc., dont nous avons invoqué l'autorité dans cet écrit, nous sont un sûr garant que les opinions que nous avons exprimées, que les faits que nous avons allégués, trouveront près des esprits impartiaux un juste crédit. Nous avons relevé dans l'ouvrage si souvent cité par nous, de si nombreuses et importantes erreurs, qu'on ne saurait raisonnablement, dans son ensemble du moins, le considérer comme destiné, ainsi qu'il en a la prétention, à apporter sa « pièce au procès » ; nous n'en voulons d'autres preuves que les contradictions dans lesquelles l'auteur est tombé lui-même.

Il m'a été pénible, mais j'ai considéré comme un devoir de montrer les vices de l'organisation militaire des armées que le Gouvernement de la défense nationale a mises entre les mains des généraux, afin que, nous désabusant sur les véritables causes de nos désastres, nous reconnaissions que des armées levées à la hâte, sans instruction, sans discipline, ne peuvent remporter d'avantages sérieux sur des troupes aguerries dont la discipline et l'instruction ne laissent rien à désirer.

Maintenant que la première effervescence causée par tant de catastrophes est un peu calmée, cessons d'être injustes vis-à-vis de ceux qui ont mis avec tant d'abnégation leur vie et leur talent au service de la France. Loin de crier toujours : à la trahison, à la trahison ! accordons toute notre estime aux généraux, qui ne possédant que les seules ressources que nous avons énumérées dans la première partie de cet opuscule, sont parvenus à arrêter, pendant plus de cinq mois, l'impitoyable envahisseur auquel la victoire était assurée d'avance par sa forte organisation.

Répétant ici les paroles du général Trochu, nous disons : « (1) A l'heure où nous sommes, l'âme des « nations ne peut plus combattre l'arsenal des « nations....... Dans la deuxième partie de cette « guerre nous avons combattu avec notre âme « contre l'arsenal ennemi, et nous avons péri. »

Nos soldats, l'âme de la France, ont combattu l'arsenal ennemi à la Bourgonce, à Beaune, à Héricourt....... ils ont péri ! Glorifions leur courage, pleurons les flots de sang généreux qui ont coulé pour notre noble patrie. Les généraux Dupré, Cambriels, Crouzat, Bourbaki ont combattu vaillamment avec notre âme....... ils ont

(1) Assemblée nationale, 14 juin 1871.

péri ! Ne cessons de répéter encore : honneur au courage malheureux !

Détournons donc les yeux des *Impressions et Souvenirs*, et, laissant de côté un amour-propre qui nous a été si fatal, imitons le grand exemple que la Prusse nous donne depuis près d'un siècle. Comme cette nation, anéantie à Iéna, replions-nous sur nous-mêmes, étudions « (1) les causes « d'un si grand désastre, bien résolus à nous affran- « chir et à nous venger. » De grâce, ne suivons pas les traces de l'Autriche « (2) que : dans l'espace de « quatre ans, de 1805 à 1809, l'empereur abat. « Tire-t-elle de ses désastres répétés un enseigne- « ment quelconque ? sent-elle le besoin de se « retremper dans de fortes institutions ? Non. Cette « nation aimable et sympathique, mais avide de « jouissances, *continue à vivre dans la routine,* « *sans même ressentir, contre ses vainqueurs, ces* « *sentiments de haine qui sont le propre des races* « *vigoureuses.* »

Que nos législateurs, instruits par la terrible leçon que nous venons de recevoir, voient enfin les fatales conséquences qu'entraînent pour une

(1) Baron Stoffel. *Rapport du 22 juillet 1868.*
(2) *Ibid.*

nation si forte et si puissante, qu'elle paraisse une législation qui ne sait ou qui ne veut se mettre à la hauteur des situations, qui ne sait ou qui ne veut s'affranchir d'entraves dont les considérations sont souvent futiles ou inavouables, pour suivre et même diriger les progrès que la science accomplit chaque jour, progrès cependant qui ont assuré la victoire à un peuple dont nous avons dédaigné de suivre les exemples.

Que nos philosophes, soucieux de la gloire et de la prospérité de notre noble patrie, voient enfin dans quel abîme presque sans fond, une nation grande, glorieuse, pleine de sève, peut être précipitée par les débordements d'une presse qui, en flattant ses passions, fausse ou corrompt au profit des factions tout sentiment national.

Que nos organisateurs ne craignent pas d'enfoncer le fer rouge dans nos plaies pour y brûler jusque dans leurs racines les causes de nos revers. Qu'ils se mettent promptement à l'œuvre, afin que bientôt, renaissant de nos cendres plus glorieux et plus forts, régénérés par les cruelles épreuves de l'adversité, nous puissions accomplir la grande œuvre patriotique d'une vengeance éclatante.

Vengeance! vengeance! à bientôt la revanche.

TABLE DES MATIÈRES.

www.ingramcontent.com/pod-product-compliance
Ingram Content Group UK Ltd.
Pitfield, Milton Keynes, MK11 3LW, UK
UKHW012223240726
13966UKWH00003B/917